古代歷史文化 研究輯刊

二二編

王明蓀 主編

第2冊

秦漢歷史地理考辨（上）

周運中 著

國家圖書館出版品預行編目資料

秦漢歷史地理考辨（上）／周運中 著 -- 初版 -- 新北市：
花木蘭文化事業有限公司，2019〔民 108〕
目 2+182 面；19×26 公分
（古代歷史文化研究輯刊 二二編；第 2 冊）
ISBN 978-986-485-896-5（精裝）
1. 秦漢史 2. 歷史地理
618   108011795

ISBN-978-986-485-896-5

9 789864 858965

古代歷史文化研究輯刊
二二編　第二冊　　　　　　　ISBN：978-986-485-896-5

秦漢歷史地理考辨（上）

作　　　者　周運中
主　　　編　王明蓀
總 編 輯　杜潔祥
副 總 編 輯　楊嘉樂
編　　　輯　許郁翎、王筑、張雅淋　美術編輯　陳逸婷
出　　　版　花木蘭文化事業有限公司
發 行 人　高小娟
聯 絡 地 址　235 新北市中和區中安街七二號十三樓
　　　　　　電話：02-2923-1455／傳眞：02-2923-1452
網　　　址　http://www.huamulan.tw 信箱 hml 810518@gmail.com
印　　　刷　普羅文化出版廣告事業
初　　　版　2019 年 9 月
全 書 字 數　264764 字
定　　　價　二二編 25 冊（精裝）台幣 63,000 元　　　版權所有・請勿翻印

秦漢歷史地理考辨（上）

周運中　著

作者簡介

周運中，男，1984 年生於江蘇濱海縣。南京大學學士，復旦大學博士，中國海外交通史研究會理事、中國百越民族史研究會理事。曾任廈門大學助理教授、中國南海研究協同創新中心研究員。著有《鄭和下西洋新考》（中國社會科學出版社 2013 年）、《中國南洋古代交通史》（廈門大學出版社 2015 年）、《中國文明起源新考》（花木蘭文化出版社 2015 年）、《正說臺灣古史》（廈門大學出版社 2016 年）、《濱海史考》（江蘇鳳凰科學技術出版社 2016 年）等，發表論文百餘篇。

提　　要

　　本書考證秦漢地理諸多問題，高闕在狼山，陰山北假中在今固陽。西河郡西北界在黃河之西，上郡西北界在今鄂托克前旗。鉅鹿之戰關鍵地點棘浦是今雞澤縣的雞丘，劉邦入漢中的褒中誤爲蝕中，垓下在今靈璧縣南，湖陽即固陵，假密即高密，百二是一百二十的簡稱。古盱眙在今縣東北 25 里，張楚是楚方言的大楚，海昏源自海氣昏，臨淮海賊源自古長江口北的長洲。犍爲郡最早治所鼈縣在今桐梓，又西遷南廣、僰道。五尺道在今邛崍、漢源間，不在宜賓、昭通間。夜郎國在今黔西南，是越人建立。陸梁是越語的河谷平地，秦軍在嶺南最早是沿河谷推進。趙佗北侵服嶺是符靈岡，在今富川、江永交界。長沙馬王堆《地形圖》南嶺唯一缺口在此，未畫今江永縣西南的謝沐縣，因爲此縣被趙佗佔領。《駐軍圖》漢軍集中在今江華縣東，因爲趙佗通過賀江北進，瀟賀道是重要通道。西漢蒼梧郡越過嶺北的是謝沐、馮乘縣，因爲長期被南越佔領。秦代象郡在今廣西，前人未發現《淮南子》說秦南界在桂林郡。漢初的南海國在今梅江流域，內遷到贛南。西漢滅閩越的出發地梅嶺在今浦城西北，白沙在今資溪東北，武林在今鉛山南。東甌內遷到江西，閩越則北遷到很多地方。本書重新考證秦三十六郡，漢武帝設刺史部在元封元年而非五年。

目

次

前　言

　　我不是秦漢史專家，但是對秦漢歷史地理很感興趣。我的父親原來在單位的業務科工作，跑過不少地方，所以我從小就喜歡看家中的中國地圖冊。最早接觸秦漢政區，是在小學四年級，我買了一本上海古籍出版社的《三字經・百家姓・千字文》，其中《千字文》用的是清代注本。在注解「百郡秦並」這一句時，列出了很多秦漢的郡名，我當時就很感興趣。我的家鄉靠近淮安，歷史上屬淮安府，離韓信、項羽、劉邦的老家不遠。我小學時看過白話本的《史記》，看過有關淮陰侯韓信的電視劇，聽過楚漢相爭的電視評書。初中時開始看《史記》原本，高中時，我從學校圖書館借了一本講中國歷代政區的小書，叫《體國經野》。我開始摘抄，後來我母親幫我摘抄、複印。最近才無意中發現，這本小書的作者就是我的師兄賴青壽，也是從南京大學到復旦大學讀博。

　　我真正扎入中國歷史地理研究的海洋，是從大學開始。當時在南京大學浦口新校區，這個校區已經用了十年，但是直到我畢業都沒有建成一個圖書館。在簡陋的閱覽室內，僅有譚其驤主編《中國歷史地圖集》黃色封面老版和綠色封面新版的各幾冊，可能要拼起來才有完整的一套八冊。而且這套拼合的書，還不能外借。有一學期，浦口閱覽室竟然把這套書中幾冊拿到鼓樓校區去裝訂，一學期都沒法看。當時從浦口校區去鼓樓校區很不方便，不僅沒有地鐵，連公交車都要轉一次。我複印了第一冊的部分內容，直到大四才在鼓樓校區東面的中山路學人舊書店買了一套，每冊二十元，一直用到現在。

　　我本科時因為對歷史地理很感興趣，所以我交李昌憲老師的中國古代史課的期中作業，畫了一幅很大的地圖，把秦漢魏晉的所有郡國標在一張圖上。

我在期末考試時，答題也配地圖，並且得到高分，大概給李老師留下了深刻印象。所以在大三暑假，從南京去河南考察的火車上，我說到我的名字，李老師說記得我的名字，給我講了他考證宋代政區的一些心得。

我在大三時，還去鼓樓校區，旁聽了胡阿祥老師的魏晉南北朝碩士課程。選修楊曉春、特木勒老師的三門課，楊老師的中西交通史課程，講了很多交通線路的考證。特木勒老師的游牧民族史課程，提到起輦谷的位置考證。范金民老師的經濟史課程，講到地域商幫。大四聽賀雲翱老師的課，聽到他講到很多考古和地理結合的研究。

總之，我的大學時代，沉浸在濃烈的考據學風之中。李昌憲老師特別強調文獻學，他在黑板上能整段書寫史料。他也在書前的作者介紹中，特別強調推崇樸學。他提倡製作卡片，廣泛收集史料、精審考訂史料。

我的《中國文明起源新考》一書，就是從本科一年級開始寫作，直到近年才出版。[註1] 南京大學歷史系深厚的樸學傳統，是從乾嘉時代的江蘇學風直接傳承而來。學衡派在南京對抗新文化運動，堅決不認可所謂的疑古說，很多人誤以爲是在近年才得到證明。其實早在 1929 年，古史辨派眞正的開創者胡適，就對古史辨派名義上的開創者顧頡剛說：「現在我的思想變了，我不疑古了，要信古了！」顧頡剛明確記載在他的日記中。[註2] 1930 年，胡適又在史語所公開演講說：「如我在六七年前根據澠池發掘的報告，認商代爲在銅器之前。今安陽發掘的成績，足以糾正我的錯誤。[註3] 胡適早已承認自己一時錯誤，顧頡剛雖然從不主動公開承認錯誤，但是他的學術也早已轉向，事實上是承認了錯誤。許冠三評價顧頡剛，說他始於疑，終於信。[註4]

顧頡剛曾對陶希聖說：「考據的工夫做下去，自己覺得空虛。我辦禹貢，再辦通俗，是實際工作與民眾工作。」陶希聖覺得顧頡剛的疑古只破不立，不像傅斯年能有所立，所以江郎才盡，沒有成績見江東父老。[註5] 顧頡剛曾對人說，前輩的學術根底沒法比，總要另闢一路才能站穩腳跟。張旭東評論

〔註1〕 周運中：《中國文明起源新考》，臺北：花木蘭文化出版社，2015 年。

〔註2〕 顧頡剛：《我是怎樣編寫〈古史辨〉的？》，《古史辨》第一冊，上海古籍出版社，1982 年，第 13 頁。

〔註3〕 王汎森：《傅斯年對胡適文史觀點的影響》，《傅斯年：中國近代歷史與政治中的個體生命》，北京：三聯書店，2012 年，第 272～273 頁。

〔註4〕 許冠三：《新史學九十年》，嶽麓書社，2003 年，第 190 頁。

〔註5〕 范泓：《顧頡剛的「空虛」》，《歷史的復盤》，廣西師範大學出版社，2013 年，第 243～247 頁。

說層累古史觀確是聰明人的靈機一動，而不是力作。〔註6〕此評切中要害，古史辨派學者缺乏語言、文字、民族、地理學等諸多學科的功底，因爲他們的思想出自今文學家，過度強調理論思辨，而考證工夫源自古文學家，這也是古史辨派致命缺陷。

在疑古謬論甚囂塵上之際，王國維、章太炎、陳垣、陳寅恪、鄧之誠、呂思勉、張蔭麟、唐蘭、徐旭生等絕大多數著名歷史學家，都著書立說，白紙黑字地批評疑古謬論，絕不是學衡一派在批評。這些著名學者批判疑古謬論的看法大多是獨立形成，也不是爲了門戶之爭，他們本來不是出自一派，更不是一個輩分的人。他們批判疑古謬論的文章，都已經公開出版。

因爲當時有太多的著名學者批判疑古謬論，所以我認爲根本不存在所謂的疑古時代。所謂疑古時代是一種錯誤的俗稱，經不起嚴格的學術推敲。疑古謬論經一時炒作，似乎大出風頭，但是對學術發展未起到多少作用。有人說疑古謬論推動了中國考古學的發展，我認爲此說不確，中國考古學發展的動力太多，主要原因當然不是來自疑古謬論。西方考古學的傳入是中國考古學建立的重要原因，而這顯然不是出自疑古謬論的推動。

近代著名學者的批判也不止包括學術論文，傅斯年甚至寫了一篇小說《戲論》，專門嘲諷顧頡剛、錢玄同等人，說民國三十三世紀有人懷疑孫文、黃興、錢玄同等人都不存在，小說中的顧樂就是指顧頡剛，顧樂的名字無疑是指顧頡剛可笑。可以說，疑古謬論是在人人喊打的遭遇中被迫收場。古史辨派的開創者早已在高等研究機構自我認錯，現在還有一些人自己從來不研究上古史，竟也不認可疑古謬論大錯特錯的史實，眞是咄咄怪事。

南京大學校訓是：「誠、樸、雄、偉。」第一是誠，第二是樸。校歌唱道：「大哉一誠天下動……千聖會歸兮，集成於孔。」誠，即出自格物致知、誠意正心、修齊治平。格物致知就是樸學，所以南京大學歷史系推崇樸學，也是整個城市、整個學校的風格。

南京大學歷史系深厚的樸學傳統，因爲韓儒林先生的影響而得到加強。乾嘉學派的基礎在語言文字學，韓儒林等學者發揚光大了乾嘉學術，使考據學的基礎由漢語漢字擴展到外語外文，取得了豐碩成果。我雖然不懂元史，但是我受到這種學風的影響，本科時買了《穹廬集》，瞭解到審音和勘同很重要。

〔註6〕張旭東：《牟潤孫找工作：新舊學風的對抗》，《東方早報·上海書評》2015年1月4日。

　　江蘇省的江淮話，保留了入聲和很多古音古語，吳語更不必說，這是清代乾嘉學派登峰造極的方言基礎。淮安、揚州、江寧（今南京）、蘇州等都是清代最繁華的都會，這為乾嘉學派的形成提供了社會經濟基礎。

　　現在很多學者受到王國維二重證據說的影響，誤認為考據學最重要的方法，就是用傳世文獻和出土文獻印證。其實這是絕大的誤解，乾嘉學術最重要的基礎是語言文字學，至於版本、目錄、金石等學的重要性也是眾所周知。所以王國維不提這些，他強調的是乾嘉學者看不到的出土文獻。

　　今人脫離了王國維的時代背景，忘記了王國維時代眾所周知的語言文字學基礎，以為有了目錄、版本、考古等知識就可以考證古史。殊不知，離開了語言文字學的基礎，考據學就失去了根基。不由小學入史學，其史學豈可信？

　　王國維自己使用的方法，其實根本不止二重證據，王國維通曉語言學、文字學、金石學、目錄學、版本學，早已是多重考據法。很多人不明白，真正的學術大師，所寫的一流文章，都必須是多重證據法。

　　近代以來實行新學制，歷史系的本科生普遍不學語言文字學，使得學生普遍不具備考據學的基礎。我在南京大學歷史系本科時，除了必修一年的中國歷史文選課，還要必修一年的中國古代文學課、一年的古代漢語課。這樣的課程安排，淵源有自，但可能並不普遍。中國很多大學的歷史系一直缺乏漢語音韻學的傳統，即使是很多南方著名大學也是如此。很多學者不會在史學研究中使用音韻學，甚至有牴觸情緒。

　　喪失了樸學的根基，就出現了學術的倒退，甚至可能是偽裝成進步的倒退。比如把兩個字形很遠的字說成近似，用漢語來解釋非漢語地名由來。

　　我讀博時，就寫了幾篇楚漢歷史的小文。2010 年 4 月 30 日，接到安徽省社科院歷史研究所陳立柱研究員的信，邀我去靈璧縣參加垓下之戰學術研討會。我的結論是垓下在今靈璧縣南部，而且只能在靈璧縣南部。施丁先生早已指出，灌嬰在陳下、垓下兩次戰爭之後的封賞不同，說明是兩場戰爭。今天竟有人提出，垓下之戰是陳下之戰的誤寫！〔註7〕施先生在會上批評某些學者，不認真讀書，寫文章太囉嗦。陳、垓的字形差異很大，不可能抄錯。所

〔註7〕辛德勇：《論所謂「垓下之戰」應正名為「陳下之戰」》，《中國社會科學研究院歷史研究所學刊》第一集，社會科學文獻出版社，2001 年。辛德勇：《歷史的空間與空間的歷史》，北京師範大學出版社，2005 年，第 153～163 頁。

謂垓下誤爲陳下，不僅因爲讀書不認眞，而且因爲缺乏樸學根基。

有一天，我在看廣東省地圖冊時，無意中發現廣東、廣西有陸良、六埌等地名，再查找，竟在廣東、廣西、雲南、海南又找到六浪、鹿浪、六量等十多個讀音非常接近的地名，我認爲這顯然是一個侗臺語系民族的常見地名，而這可以解釋秦始皇攻佔嶺南陸梁地的陸梁。陸梁顯然不是漢語地名，近代以來的學者早已轉向民族語言學思路，但是現在竟還有人長篇大論地用漢語去解釋陸梁，這就像把無錫解釋成沒有錫、把會稽解釋成開會稽查一樣可笑。有人又在不具備古文字學基礎的情況下，就把梁字解釋爲水面的刀刃、創傷，〔註8〕此說非常可笑，水面怎能有創傷？

本書中其餘多數文章，也是按照這兩篇文章的學術思路探索。比如用語言學解釋陳勝的國號張楚，根據的史料是西漢揚雄《方言》，但是結合了比較語言學的方法。用閩南方言的百二，解釋秦得百二。用古音解釋高密寫成假密的原因。用字形解釋褒中誤爲蝕中的原因，接近劉邦南入漢中究竟走子午道還是褒中道的問題。還用讀音校勘播旌和奔精，服嶺和濮嶺，棘原和雞丘，蹇水和巾水，豕水和夷水等。

如果我們通曉古音，很多看似已經塵封的史料還可以復活起來。因爲古人寫史，多是記音，灑脫自在，不拘外表。所以我們必須通過音韻，才能刺穿古史記載的外殼、揭開典籍書寫的面紗。如果不通曉音韻，就和古人始終有一層隔膜，好比霧裏看花。不具備音韻學的基礎，就不能進入考據學的大門，永遠在考據學的殿堂之外。

有的問題，則很複雜，要結合語言學、考古學、地理學才能解決。比如高闕、陰山、假中的問題，前人兩說，爭持不下，於是有人提出遷移調和說，又有人作長篇論證。〔註9〕我先論證陰山不是因爲在黃河之北得名，而是因爲山色青黑，所以古代大青山又叫黑山，僅出現一次的陽山、陶山是形誤。根據漢代四次戰爭的記載，認爲高闕在狼山。我認爲烏拉山的證據僅有司馬遷追溯趙長城一條，很可能是司馬遷誤記，或因考古發現不完善而不能成立，遷移說未必成立。再結合《水經注》和地理學，確定稒陽城在今土默特右旗

〔註8〕辛德勇：《陸梁名義新釋——附說〈禹貢〉梁州與「治梁及岐」之梁》，《歷史地理》第二十六輯，上海人民出版社，2012年。收入辛德勇：《舊史輿地文錄》，北京：中華書局，2013年，第96～129頁。
〔註9〕辛德勇：《陰山高闕與陽山高闕辨析》，《文史》2005年第3期。收入辛德勇：《秦漢政區與邊界地理研究》，北京：中華書局，2009年，第181～255頁。

而非包頭。再根據考古學發現，找到稒陽城。根據此城在大青山南，證明稒陽、固陵縣名都是源自固山，即大青山。內蒙古的考古學者最近找到了稒陽縣城和石門障，證明了我的結論。我認爲，假中在今固陽縣，很可能也源自固山，假、固的上古音是雙聲疊韻，讀音接近 ka，很可能源自北方民族語言的黑色 kara，所以固陵的名字也即陰山、黑山、大青山。確定了稒陽城，才能確定石門障、宿虜城、假中。

西漢西河郡西北邊界的問題，也很複雜，需要結合考古學、語言學、地理學。首先根據古城的規模區分郡縣和障塞，再根據地形推測增山縣在今烏海市桌子山西的蘭城子古城，眩雷塞在其西北。根據虎猛縣的名字，推測虎猛縣城可能是今鄂托克旗的水泉城，翁龍埤是障是其西南的敖倫淖古城。廣田縣城可能是杭錦旗的霍洛柴登古城，大城縣城可能是吉爾廟古城。

西漢滅閩越的路線，也是結合了歷史學、地理學和民族語言學，最有趣的是利用侗臺語破解武林爲欄杆山。

如果不具備語言學的知識，這些在史書中沉睡了數千年的地名就不能活起來，我們就不能有所發明。

軍事地理考證尤其困難，郭沫若主編《中國史稿地圖集》的赤壁位置正確，垓下位置初版正確，修訂版錯誤。而譚其驤主編《中國歷史地圖集》的赤壁位置錯誤，垓下位置正確。有人考證鉅鹿之戰，有人把棘原擅改爲棘浦，〔註10〕不顧原、浦含義迥異，也不符合戰爭邏輯，要讓章邯很快修建長達百里的運輸甬道，這在大戰緊急時不可能修成。

無論是語言學、考古學、地理學，歸根結底還是基本的邏輯思維問題。錯誤的考證都是違背最簡易的道理，如果把垓下移到了陳下，就不符合韓信從齊國南下才有垓下之戰的道理。

所以學科的分合是相互促進，多學科結合會訓練人的邏輯思維能力，這種思維能力又有助於駕馭多學科的結合。看似複雜的方法，繁瑣的論證，最終還是會回到簡易的道理。如果沉陷在複雜的論證中，不能返回，則很可能是誤入歧途。文章不在於長短，而在於結構是否嚴密。

再如秦代所開五尺道，從唐代以來被誤解了一千五百多年，現代學者基本不考察五尺道位置說的由來，人云亦云，以訛傳訛。我在研究出西漢犍爲郡治三次轉移過程後，才悟出五尺道不可能在犍爲郡第三個治所僰道（今宜

〔註10〕辛德勇：《歷史的空間與空間的歷史》，第81～83頁。

賓）西南，而應在臨邛（今邛崍）西南。前人未能窮究文獻源流，收集資料不夠全面，因此不能使區域研究形成體系，不能破解千古之謎。如果認真發掘傳統文獻，還有大量問題可以推進。我們在結合多學科方法時，也不能忘記傳統文獻的基礎。

現在有的學者，下筆動輒十萬八千字，但是不僅距離真相十萬八千里，甚至違背基本常識。比如《史記‧秦始皇本紀》明確說：「始皇推終始五德之傳，以爲周得火德，秦代周德，從所不勝。方今水德之始，改年始，朝賀皆自十月朔。衣服、旄旌、節旗皆上黑。數以六爲紀，符、法冠皆六寸，而輿六尺，六尺爲步，乘六馬。」今天竟有人說秦以十二爲紀！〔註11〕他不知五行對應的數字都不超過十：土對應五、水對應六、火對應七、木對應八、金對應九。說秦以十二爲紀，本來是毫無依據，而且違背常識，這種錯誤在古代不大可能有人犯，因爲古人熟知五行知識。十二是六的倍數，十二爲紀就是六爲紀。我在《史記‧封禪書》中又找到了秦以六爲紀的一條鐵證，前人未曾注意。

再如《史記》、《淮南子》和荊州博物館所藏新出漢簡都明確記載，秦始皇二十五年王翦征服的越地在會稽郡，三十年攻嶺南的主帥是尉屠睢。但是現在竟有人說秦始皇南攻嶺南的主帥是王翦，又說南攻嶺南始於秦始皇二十五年而非三十年！〔註12〕無視正史記載，無視文物發現，臆測一說，任意想像，學風不正，令人瞠目結舌！

再如陳勝的家鄉陽城，譚其驤先生已有詳細考證，他否定了韓地的陽城說，因爲陳勝是楚人。今天竟然又有人拿出楚地陽城說的新證據，來重提韓地陽城的誤說，〔註13〕不僅無視譚其驤先生的研究，也違背常識！即使沒有楚地陽城說的新證據，也不能提倡錯誤的韓地陽城說。何況還有楚地陽城說的新證據，正確的結論往往得到新證據的印證。

有的秦漢史論著完全脫離史書，比如有人論述秦漢擴張說：「華夏帝國的

〔註11〕辛德勇：《秦始皇三十六郡新考》，《文史》2006年第1期、第2期。收入辛德勇：《秦漢政區與邊界地理研究》，第1～92頁。

〔註12〕辛德勇：《王翦南征百越戰事鉤沉》，《徐蘋芳先生紀念文集》編輯委員會編《徐蘋芳先生紀念文集》，上海古籍出版社，2012年。收入辛德勇：《舊史輿地文錄》，第79～95頁。

〔註13〕辛德勇：《北京大學藏秦水陸里程簡冊與戰國以迄秦末的陽暨陽城問題》，《北京大學學報》2015年第2期。收入辛德勇：《石室賸言》，北京：中華書局，2014年，第81～214頁。

擴張，在西北、北方、東北、西南等版圖上可見的外部邊緣受到重重限制以後，迫切需要尋求一個突破口。這個突破口就是華南山地丘陵地帶……這片區域又可寬泛地按水系分爲長江流域和珠江流域。」〔註14〕這種說法顯然顛倒次序，江南是楚國攻佔，嶺南是秦朝攻佔，而後才有漢朝在西北、西南、東北等方向的擴張，可見不存在南方是秦漢擴張的突破口之說。該文又把大量六朝南方史料拿來敘述，殊不知秦漢的南方和六朝的南方差別太大！秦漢的南方人煙稀少，不及北方重要，六朝南方的地位才顯著上升。漢朝的擴張以西北方向最遠，眞正的擴張突破口在河西而非南方。

本書也糾正了譚其驤主編《中國歷史地圖集》的一些錯誤，這是因爲在當時的歷史條件下，尚未看到今天的諸多考古發現。據我所知，在《中國歷史地圖集》的編纂過程中，前輩學者非常注意使用多重證據法，收集了他們當時能夠收集的所有考古材料，只不過因爲當時的考古材料還不夠充分而已。今天的學者不應回到排斥多重證據法的地步，但是我們很可惜地看到，今天很多學者在研究秦漢歷史地理時，根本不注意使用《中國文物地圖集》和很多最新考古發現。甚至還有人排斥考古資料，令人咋舌。

本書使用了很多最新的考古資料，要感謝考古工作者，感謝譚其驤先生和他的同仁們主編了《中國歷史地圖集》。我們只有結合前輩的歷史地理學成果和最新的考古發現，有新的成績，才對得起前人的努力。

總之，本書的用意是和大家分享研究秦漢歷史地理的發現和快樂，提倡多學科方法研究歷史，尤其是提倡加強訓練歷史學研究的語言文字學基礎。多學科結合時，如果缺少一門，總是遺憾，未臻至善。

我經常說，中國史學的一大遺憾是，南方的學生因爲身邊缺少秦磚漢瓦，所以喜歡明清和近現代史，不喜歡上古史，殊不知他們從小說的方言保留了很多古音，特別適合研究上古史。而北方的學生，雖然喜歡研究上古史，但是他們平時說的近古漢語，缺乏古音，所以讀起古書，便覺疏遠。如果南北融通，則兼有兩美，則我中華學術，勢必更美。

良辰美景奈何天，賞心樂事誰家院？希望考據學能打通學科壁壘，不要都付與斷井頹垣。唯有多學科結合，才有那姹紫嫣紅開遍！

〔註14〕胡鴻：《秦漢帝國擴張的制約因素及突破口》，《中國社會科學》2014 年第 11 期。收入胡鴻：《能夏則大禹漸慕華風——政治體視角下的華夏與華夏化》，北京師範大學出版社，2017 年，第 46～78 頁。

西北篇

高闕、陰山北假中與西漢河套諸城考

司馬遷《史記·匈奴列傳》說：「趙武靈王亦變俗胡服，習騎射，北破林胡、樓煩。築長城，自代並陰山下，至高闕爲塞。而置雲中、雁門、代郡。」又說秦始皇派蒙恬渡河，取高闕、陰山之北的假中。高闕、陰山北假中的位置和由來，前人有很多說法，〔註1〕仍然未能有效解決。

這個問題，牽涉到陰山、陽山、陶山的糾葛，牽涉到兩個高闕說的是非，牽涉到戰國秦長城、趙長城和秦漢新建長城的辨識，牽涉到假中的由來和位置，還牽涉到秦漢在河套諸多郡縣的位置，所以非常複雜。

秦朝佔領河套，但是秦漢之際的戰亂又放棄，漢武帝時才重新佔領。因爲經過變亂和恢復，使得問題更加棘手。

五原郡的古城很多，文獻記載的地方和考古發現的對應，也是一個難題，前人有很多嘗試，但也還有很多問題未能解決。前人根據的考古資料比較陳舊，本文依照《中國文物地圖集》內蒙古分冊、《內蒙古文化遺產叢書》等更多的詳確資料研究。

很多學者認爲高闕在今烏加河西北的狼山之下，有人認爲是達拉蓋山口，〔註2〕有人認爲是烏拉特中旗的石蘭計溝口。〔註3〕還有大壩溝口、哈隆格乃溝口說，或認爲大壩溝是哈隆格乃溝的支溝，差別不大。〔註4〕或以爲在

〔註1〕 張益群、馬晶：《高闕地望研究綜述》，《陰山學刊》2016 年第 1 期。

〔註2〕 王北辰：《內蒙古後套平原的幾個歷史地理問題——兼考唐西受降城》，《王北辰歷史地理論文集》，學苑出版社，2000 年，第 360～361 頁。

〔註3〕 唐曉峰：《內蒙古西北部秦漢長城調查記》，《文物》1977 年第 5 期。

〔註4〕 張海斌：《高闕、雞鹿塞及相關問題的再考察》，《內蒙古文物考古》2000 年第 1 期。

今烏拉特後旗那仁烏布爾嘎查的達巴圖溝口和查干溝口交匯處，證據是清張穆《蒙古游牧記》認爲高闕塞在綽農陀羅海（蒙古語狼山），即達巴圖山口，1934 年出版的韓梅圃《綏遠省河套調查記》說高闕在大壩圖口（達巴圖口）。魏堅和巴彥淖爾盟的考古工作者，2005 年在此發現一座漢代古城，附近有趙長城遺址，他們認爲即高闕塞。〔註5〕狼山說的主要根據是酈道元《水經注》，但是酈道元晚了五百年，未必可信，《水經注》中的錯誤特別是漢代之前的錯誤不少，所以很多人不信酈道元說法。

　　楊守敬《水經注圖》、譚其驤主編《中國歷史地圖集》的西漢高闕，沿用狼山說。這兩種歷史地圖誤畫了五原郡治九原縣和臨沃、稒陽等多個縣城的位置。因爲北假中是屯田地，不可能在山北，所以把北假畫在一片很長的地區，從狼山之南延伸到今固陽縣。但是狼山南不是在陰山之北，爲彌補這個紕漏，於是圖上又把狼山定爲陽山，這才解決了在陰山之北的漏洞。〔註6〕

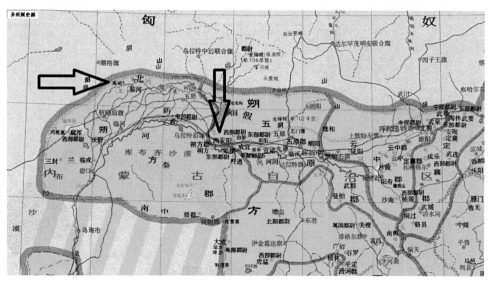

高闕兩說位置（向右箭頭是狼山高闕、向下箭頭是烏拉山高闕）〔註7〕

　　李逸友、何清谷等認爲從趙國到漢代的高闕都在今烏拉特前旗的烏拉山

〔註5〕王治國：《高闕塞考辨》，《河套大學學報（哲學社會科學版）》2006 年第 3 期。
　　　　魏堅：《河套地區戰國秦漢塞防研究》，《邊疆考古研究》第六輯，科學出版社，2007 年。

〔註6〕〔清〕楊守敬等編繪：《水經注圖》，北京：中華書局，2009 年，第 89、90 頁。
　　　　譚其驤主編《中國歷史地圖集》第二冊，中國地圖出版社，1982 年，第 17 頁。

〔註7〕底圖來自譚其驤：《中國歷史地圖集》第二冊第 17～18 頁，箭頭是本書添加。

下，主要根據趙長城西端在今烏拉山鎮，﹝註8﹞其次是衛青兩次有關高闕的戰爭記載。何清谷說，高闕到漢武帝後期就從史書中消失，武帝巡遊北疆也不提高闕。﹝註9﹞其實東漢還有兩次戰爭涉及高闕，此說不確。

沈長雲說，趙長城不到今狼山，酈道元《水經注》卷三《河水》引《虞氏記》說：「趙侯自五原河曲築長城，東至陰山，又於河西造大城，一箱崩不就，乃改卜陰山河曲而禱焉……今云中城是也。」也證明趙國長城始於五原郡，《漢書‧匈奴傳》侯應說：「北邊塞至遼東，外有陰山，東西千餘里。」陰山僅有千里，說明不包括狼山。﹝註10﹞

臧知非說，烏拉山的趙長城和狼山的秦漢長城修築方式有很大差別，趙長城修在山前，而秦漢長城修在山上，狼山是陽山，不是陰山，《史記‧匈奴列傳》說：「十餘年而蒙恬死，諸侯畔秦，中國擾亂，諸秦所徙適戍邊者皆復去，於是匈奴得寬，復稍度河南與中國界於故塞。」說明趙國故塞在南，所以高闕在烏拉山而非狼山。﹝註11﹞

烏拉山說建立在趙長城西端在烏拉山的基礎上，但是魏堅等人認為趙長城延伸到了狼山。如果前人對趙長城的考古調查未能完善，則高闕在烏拉山說就未必成立。

還有人認為存在兩個高闕，趙國的高闕在烏拉山下，秦漢的高闕在石蘭計溝。夏子言最早提出趙國高闕不是酈道元所說的高闕，這是常見的同名異地現象。﹝註12﹞鮑桐正式提出高闕遷移此說，辛德勇又擴展論證。﹝註13﹞前人考證地名時，有時實在無法解決，往往把一個地名變成兩個地名，這樣互

﹝註8﹞ 國家文物局主編《中國文物地圖集‧內蒙古自治區分冊》，西安地圖出版社，2003年，上冊第64、271頁。
﹝註9﹞ 嚴賓：《高闕考辨》，《歷史地理》第二輯，上海人民出版社，1982年。何清谷：《高闕地望考》，《陝西師大學報（哲學社會科學版）》1986年第3期。何清谷：《關於高闕位置的反思——兼答鮑桐同志》，《中國歷史地理論叢》1993年第2期。收入何清谷：《秦史探索》，蘭臺出版社，2004年，第148～168頁。李逸友：《高闕考辨》，《內蒙古文物考古》1996年增刊第1期。
﹝註10﹞ 沈長雲：《趙長城西段與秦始皇長城》，《歷史地理》第七輯，上海人民出版社，1990年。
﹝註11﹞ 臧知非：《高闕地望補證》，《陝西歷史博物館館刊》第十九輯，三秦出版社，2012年。
﹝註12﹞ 夏子言：《古高闕地望及趙北長城西部走向》，《趙國歷史文化論叢》，河北人民出版社，1987年。
﹝註13﹞ 鮑桐：《高闕地望新探》，《中國歷史地理論叢》1993年第2期。辛德勇：《陰山高闕與陽山高闕辨析》，《秦漢政區與邊界地理研究》，第226～255頁。

不侵犯，萬事大吉。但是這篇提出有兩個高闕的文章，長達 70 頁，竟然不分析衛青兩次出高闕的大戰。而這兩則記載至關重要，何清谷等人有詳細討論。我們知道，戰爭非常殘酷，戰爭記載的地名最爲可信，所以考證古代地名，最可靠的是戰爭記載。本文深入分析漢代的四次戰爭，再考高闕位置。

一、陰山、陽山、北假中的分歧辨析

《史記・秦始皇本紀》說：

> 地東至海暨朝鮮，西至臨洮、羌中，南至北向戶，北據河爲塞，
> 並陰山至遼東……西北斥逐匈奴，自榆中，並河以東，屬之陰山，
> 以爲三十四縣，城河上爲塞。又使蒙恬渡河，取高闕、陶山北假中，
> 築亭障以逐戎人。徙謫，實之初縣。

關於高闕，張守節《正義》：「高闕，山名，在五原北。兩山相對若闕，甚高，故言高闕。」張守節說高闕在五原郡北，這個五原郡或許是指漢代的五原郡，而非朔方郡。北假中可能是指在高闕和陶山（陰山）一線以北的地區，也可能僅指在陰山以北的地區，不在高闕之北，高闕在另一個地方。

裴駰《集解》引西晉人晉灼曰：「《王莽傳》云：五原北假，膏壤殖穀。北假，地名也。」張守節《正義》：「酈元注《水經》云：黃河徑河目縣故城西，縣在北假中。北假，地名也。按：河目縣屬勝州，今名河北。《漢書・地理志》云屬五原郡。」

《史記・匈奴列傳》說：

> 始皇帝使蒙恬將十萬之眾，北擊胡，悉收河南地。因河爲塞，
> 築四十四縣城臨河，徙適戍以充之。而通直道，自九原至雲陽，因
> 邊山險塹溪谷可繕者治之，起臨洮至遼東萬餘里。又度河，據陽山
> 北假中。

我們首先需要注意，此處僅說北假中是在陽山（陰山）之北，而不提高闕。裴駰《集解》：「北假，北方田官。主以田假與貧人，故云北假。」北假田官是設在陰山北假中的田官，不是所有北方的田官都叫北假，裴駰說以田假與貧人，故云北假，純屬牽強附會。

司馬貞《索隱》：

> 應劭云：「北假，在北地陽山北。」韋昭云：「北假，地名。」
> 又按：《漢書・元（帝）紀》云：「北假，田官。」蘇林以爲北方田

官也。主以田假與貧人，故曰北假也。

張守節《正義》：

> 《括地志》云：「漢五原郡河目縣故城，在北假中。北假，地
> 名也，在河北，今屬勝州銀城縣。《漢書・王莽傳》云「五原北假，
> 膏壤殖穀」也。

《漢書・王莽傳中》：

> 遣尚書大夫趙並使勞北邊，還言五原北假，膏壤殖穀，異時常
> 置田官。乃以並為田禾將軍，發戍卒屯田北假，以助軍糧。

前人早已指出陶山、陽山都是陰山的形訛，〔註14〕竟有人說此論不足信。〔註
15〕今按《秦始皇本紀》的陶山，無疑是陰山的形誤，因為上文出現了陰山。
陶山是孤證，孤證不立！同一本《史記》中，《匈奴列傳》竟又誤作陽山，這
也是一個孤證，孤證不立！陰山在《秦始皇本紀》、《匈奴列傳》都有，說明
陰山才是正字。《秦始皇本紀》的三十四縣，《匈奴列傳》是四十四縣，必有
一誤，也說明《匈奴列傳》的陽山是錯字。

清代沈濤說：

> 《穰侯列傳》曰：「乃封魏冉於穰，益封陶。」《集解》引徐廣
> 曰：「一曰陰。」……陶、陰二字本易惑也……《史》、《漢》陶、陰
> 二字多相亂，《惠景間侯年表》成陶，徐廣曰：「一作陰。」《御覽》
> 學部十二，引劉向《七略》曰：「古文或誤以陶為陰。」〔註16〕

今按《太平御覽》卷六一八引劉向《七略》曰：「古文或誤以見為典，以陶為
陰，如此類多。」劉向在校勘典籍時得出如此珍貴的結論，今人反而忽視。

《史記・蒙恬列傳》：

> 秦已并天下，乃使蒙恬將三十萬眾北逐戎狄，收河南。築長城，
> 因地形，用制險塞，起臨洮，至遼東，延袤萬餘里。於是渡河，據
> 陽山，逶蛇而北。

裴駰《集解》引徐廣曰：「五原西安陽縣北有陰山。陰山在河南，陽山在河北。」

〔註14〕周莊：《陰山—陶山—陽山》，《歷史地理》第三輯，上海人民出版社，1983
年。
〔註15〕辛德勇：《陰山高闕與陽山高闕辨析》，《秦漢政區與邊界地理研究》，第 230
頁。
〔註16〕中華書局編輯部：《清人考訂筆記》，北京：中華書局，2004 年，第 688～689
頁。

徐廣說黃河以南是陰山，黃河以北是陽山。問題是黃河以南是鄂爾多斯高原，根本找不到顯著的山脈。

有人泥古不化，盲目迷信古人的所有說法，不知徐廣是東晉人，距離司馬遷已近五百年，徐廣的看法爲何就可信呢？徐廣看見《蒙恬列傳》渡河據陽山這一句話，就理解爲河北是陽山，於是認爲河南是陰山，他不對比《秦始皇本紀》的記載，也不查看地圖，或者在江南查不到可信的地圖，自然不可信。

酈道元《水經注》卷三《河水》：

> 東逕高闕南。

> 《史記》趙武靈王既襲胡服，自代並陰山下，至高闕爲塞。山下有長城。長城之際，連山刺天，其山中斷，兩岸雙闕，峨然雲舉，望若闕焉。即狀表目，故有高闕之名也。自關北出荒中，關口有城，跨山結局，謂之高闕戍。自古迄今，常置重捍，以防塞道。漢元朔五年，衛青將十萬人敗右賢王於高闕，即此處也。河水又東，逕臨河縣故城北……

> 至河目縣西。

> 河水自臨河縣，東逕陽山南。《史記音義》曰陽山在河北，指此山也……南屈逕河目縣故城西，在北假中，地名也。自高闕以東，夾山帶河，陽山以往，皆北假也。《史記》曰秦使蒙恬將十萬人，北擊胡，度河取高闕，據陽山北假中是也。北河又南，合南河……河水又東，逕馬陰山西。《史記音義》曰陽山在河北，陰山在河南，謂是山也，而即實不在河南。《史記音義》曰五原安陽縣北有馬陰山，今縣在河北，言陰山在河南，又傳疑之非也。余按南河、北河及安陽縣以南，悉沙阜耳，無佗異山。故《廣志》曰朔方郡北移沙七所，而無山以擬之，是《音義》之僻也。陰山在河東南則可矣。

酈道元根據徐廣的解釋，認爲北河（烏加河）以北是陽山，即今狼山，於是誤以爲北假中在烏加河一帶。但是這一帶明明在狼山之南，不是山北，而是山南。所以陽山北假中，就不能成立。而陰山北假中，才能成立，因爲是在烏拉山、大青山的西北。

酈道元也發現徐廣的說法有問題，他說黃河以南的鄂爾多斯高原只有沙丘，找不到山。但是酈道元未能發現徐廣錯誤的原因，反而幫助徐廣彌合錯

誤，說陰山是在北河（烏加河）的東南，所以他說徐廣應該說東南才對。

近有人忽生一新解，說假通各，各有上升的意思，所以又轉而通山，所以北假中是北山中，所以是山之北，所以是陰山的北坡。〔註17〕此說甚為荒謬，偷換了五層概念，全部不能成立：

1. 各字的甲骨文，是一隻腳在坑口的形狀，許慎《說文》：「有行而止之。」近代說法，我以為，于省吾之說最近本義，他說「各字之形象足陷入坎，故其本義為停止。出字之形象，足自坎出，故其本義為上出。」〔註18〕

甲骨文還有一個字很像各，也是一隻腳在坑口的形狀，但是腳的方向相反，是腳在下，腿在上，這個字就是出。腳在下，腿在上，表示走出坑，這也證明各的原義是落在坑內。我認為于省吾仍未點明各字的準確本源，上出的反義是下落，各字的原義是指人落在坑內。各就是落的本字，落的聲旁就是各。各 kak 和洛 lak，讀音本來相近。也有學者解釋為複輔音，認為各、落是原有共有讀音 klak 的分化。我認為很可能源自上古複輔音，現代的旮旯就是源自角落。

各、出的甲骨文

各由落入引申為到來，揚雄《方言》卷一：「假，佫……邠、唐、冀、兗之間曰假，或曰佫。」卷二：「儀、佫，來也。陳、穎之間，曰儀。自關而東，周、鄭之郊，齊魯之間，或曰佫，或曰懷。」各由落入、到來，又引申為客，客人就是到來、落入的人。前人看到到來、客人的含義，沒有追究本形和本義。

2. 所謂各表示上升，證據是《爾雅・釋詁》：「騭、假、格、陟、躋、登，升也。」《爾雅》是解釋經書的書，經常把特定語句中的意思，誤以為一般含義，而且很多時候不注明由來，所以我們不能確定這些字表示上升出自何處，是不是特定的含義？是不是後世儒生的誤解？是不是某種方言？

〔註17〕辛德勇：《陰山高闕與陽山高闕辨析》，《秦漢政區與邊界地理研究》，第 232～239 頁。

〔註18〕李玲璞主編：《古文字詁林》，上海教育出版社，2000 年，第二冊第 130～136 頁。

揚雄《方言》卷一：「躡、郅、跂、蹭、躋、蹦，登也。自關而西，秦晉之間曰躡，東齊海岱之間謂之躋，魯衛曰郅，梁益之間曰徦，或曰跂。」可見，各作上升，不過是西南梁州、益州的方言。

3. 即使假有上升的意思，又如何轉變為山了呢？難道上升就等於山？世界上只有山需要爬升？

4. 北山中和山北是兩種意思，北山中指北部的山中間，山北是指山的北部，怎麼能等同？

所以，此所謂新解，完全不能成立，不合邏輯道理，不合自然地理，不合漢字文理。

二、陰山就是黑山、青山

徐廣說陰山在河南，指的是鄂爾多斯，這一點酈道元說得很清楚，所以他在鄂爾多斯找不到山。但是現代有學者認為，徐廣說陰山在河南，指的是在烏加河之南，指今烏拉山在烏加河的東南，陽山在河北，指狼山在烏加河之北。〔註19〕此說實質上就是酈道元之說的改造。

我以為此說不確，首先是脫離了徐廣解釋的原文，徐廣是解釋《史記·蒙恬傳》蒙恬渡河據陽山，但是蒙恬渡的不是烏加河，還包括黃河干流在內。其次是方位不合，烏拉山在烏加河的東側，不是東南。第三是不合情理，因為中國人都知道古人根據山水來確定陰陽，山水本來是座標，本來不能冠以陰陽之名，否則還有座標的身份嗎？

中國上古很難找到陰河、陽河之名，陰山、陽山之名也不多，就是因為陰陽本身根據山水來確定。所以陰山的名字，未必源自漢語，未必是指陰陽。此地原來不是漢族居住地，很有可能來自其他民族語言。

或許因為北方缺少山地，陰山恰好樹林茂密，看上去陰森，故名陰山。今天稱為大青山，也是因為植被茂密，看上去是青色。何清谷等人說，陰山稱為陽山的證據源自《呂氏春秋·本味》：「飯之美者：玄山之禾，不周之粟，陽山之穄，南海之秬。」但是此處的陽山位置不明，其實不能確定。

包頭之北的陰山，北魏稱為黑山，《魏書》卷十九上《陽平王傳》：

> 累遷懷朔鎮大將，都督三道諸軍事北討……於是中道出黑山，

〔註19〕譚其驤：《陰山》，《中華文史論叢》第七期，1978年。收入譚其驤：《長水集》下冊，人民出版社，2009年，第353～354頁。

> 東道趨士盧河，西道向侯延河。軍過大磧，大破蠕蠕。

懷朔鎮在今固陽縣，中道出黑山，就在陰山。黑山、陰山，含義相通，說明陰山源自顏色，不是源自方位。

北魏的黑山，指整個陰山山脈，《魏書》卷一百三《蠕蠕傳》神䴥二年（429年）：

> 於是車駕出東道，向黑山，平陽王長孫翰從西道向大娥山，同會賊庭。

太武帝拓跋燾從都城向北，這個黑山是呼和浩特北部的陰山，說明陰山山脈都是黑山。

陰山、黑山、青山，其實是一個相通的地名，近代人張鼎彝《綏乘》卷五《山川考上》引《歸綏識略》：

> 黑山之說，蓋亦古陰山之隨地異名者。北人青、黑二字往往通用，如青冢土黑，問者以冢草獨青釋之。陰山迤西，望之黝然而黑。

因先有黑山之名，而後名青山，又名大青山，其實乃一山耳。〔註20〕其實漢語的青、黑、滄、蒼的含義也近似。清代沈濤《瑟榭叢談》卷下：

> 北方呼物之黑色者，皆謂之青。思之，每不得其解。《太平御覽》四十五地部引《隋區宇圖志》云：「周太祖諱黑，因改黑山爲青山也。」〔註21〕

可備一說，但是北周短暫，也統治不到陰山，此說雖然未必能解釋大青山之名由來，但反映出古人認爲青、黑接近。

而且陰山的名字不止一見，《山海經》多次出現陰山，《西次三經》最末有陰山，在今帕米爾高原之西。《西次四經》之首，曰陰山，陰水出焉，西流注於洛。這個陰山在漢代西河郡的陰山縣（今陝西宜川縣），《水經注》說陰山出蒲水（今西川河），陰山在今宜川縣西與富縣、洛川縣、黃龍縣交界處的黃龍山。所出陰水，西流入洛（北洛河），在今富縣或洛川縣。

兩個陰山，都出自《西山經》，說明陰山是北邊特別是秦人的習慣用語，都不是根據河流命名，在今宜川縣西的陰山本身就是南北走向。

〔註20〕張鼎彝：《綏乘》，1921 年。呼和浩特地方志編纂辦公室、內蒙古圖書館，內蒙古社科院圖書館編：《內蒙古歷史文獻叢書》第 11 種，影印本，遠方出版社，2012 年，第 637 頁。

〔註21〕中華書局編輯部：《清人考訂筆記》，第 341 頁。

二、狼山之名的由來和縮小

有人說，據譚其驤主編《中國歷史地圖集》，隋代的大青山稱爲大斤山，又名秦山，所以大斤山、秦山、青山都是陰山的音轉。又說狼山是陽山的音轉，又據譚其驤主編《中國歷史地圖集》，北朝已有狼山之名。〔註22〕

我以爲此說不確，因爲《隋書》卷五三《史萬歲傳》說：

> 開皇末，突厥達頭可汗犯塞，上令晉王廣及楊素出靈武道，漢王諒與萬歲出馬邑道。萬歲率柱國張定和、大將軍李藥王、楊義臣等出塞，至大斤山，與虜相遇。

馬邑郡的北界在今山西北部，所以大斤山未必是今大青山。《三國志》卷三十《烏丸鮮卑東夷傳》裴注引魚豢《魏書》說：

> 檀石槐既立，乃爲庭於高柳北三百餘里彈汗山歠仇水上。

高柳（在今山西陽高縣）以北三百里，是彈汗山，在今察汗淖爾流域。彈汗山這個名字也和官號有關，可能就是柔然和突厥的官號達干（tarkan）。《北史》卷九八《蠕蠕傳》說柔然可汗阿那瓌有兄弟塔寒，歷史很早。〔註23〕前人認爲此號可以追溯到柔然，筆者認爲可以追溯到更早，《水經注》卷三《河水》說中陵水上游支流貸敢水出自貸敢山，在今山西右玉縣。貸敢、彈汗音近，地域鄰近，或是同源地名。〔註24〕

我以爲大斤山是彈汗山，讀音接近。古音的斤 kiən 和干 kan，非常接近。這裡是王庭，地位重要，所以史萬歲在此遇到突厥。

《隋書》卷七四《趙仲卿傳》說：

> 從高頰指白道以擊達頭……追度白道，逾秦山七百餘里。

白道在今呼和浩特西北，秦山確實是大青山，秦山可能是青山之誤，但是這不能證明青山來自陰山，因爲青山可能源自其顏色。

今狼山，古代也稱爲黑山，《遼史·地理志》說天德軍有黑山峪，天德軍的西北就是狼山，《耶律唐古傳》又說遼想開拓西南黑山之西的疆域，也是指這個黑山，西夏在狼山之下設黑山威福軍。

今狼山之名源自北朝說，恐怕是個誤解，《魏書》卷二登國五年（390 年）：

> 冬十月，遷雲中，討高車豆陳部於狼山，破之。

〔註22〕辛德勇：《陰山高闕與陽山高闕辨析》，《秦漢政區與邊界地理研究》，第 197 頁。

〔註23〕韓儒林：《蒙古答剌罕考》，《穹廬集》，河北教育出版社，2000 年，第 24 頁。

〔註24〕周運中：《拓跋、鐵弗與統萬城新考》，侯甬堅等編《統萬城建城一千六百年國際學術研討會文集》，陝西師範大學出版社，2015 年，第 228 頁。

這個狼山，顯然在雲中郡附近，不是今日狼山。所以譚其驤主編《中國歷史地圖集》在今狼山的位置標出狼山，可能不確。

但是烏拉山，也有可能叫狼山，《周書・突厥傳》：

> 科羅號乙息記可汗，又破（鄧）叔子於沃野北木賴山……侍衛之士，謂之附離，夏言亦狼也。

山田信夫注木賴山：「似爲狼山。」我們不知他是指今狼山，還是根據讀音。他又注附離：「böri。」〔註25〕突厥語的狼，böri 讀音接近木賴。唐代人稱烏拉山爲牟那山，都是源自木賴。

狼山的名字可能來自突厥，《舊唐書》卷一九四說，永徽元年，唐軍擒獲西突厥車鼻可汗：「處其餘眾於鬱督軍山，置狼山都督以統之。」這個狼山是漠北的鬱督軍山，陳得芝先生指出漠北很多地方都有狼山。〔註26〕

北宋太平興國六年（981 年），北宋派王延德出使高昌，留下行紀，《文獻通考》卷三三六、《宋史》卷四百九十也有節錄，說：「次歷臥梁劾特族地，有都督山，唐回鶻之地。」據我考證，臥梁劾特即蒙古語烏梁海、兀良哈，也即森林，狼山之南有成吉思汗進攻西夏時多次攻打的兀剌海城，應是臨河市北的西夏時代高油坊古城。突厥人崇拜狼，突厥人南遷時，可能把鬱督軍山的名字帶到今狼山，王延德稱爲都督山，因此又名狼山。〔註27〕

唐代內蒙古的陰山，還叫狼山，《舊唐書》卷九三《張仁願傳》神龍三年（707 年）：「先朔方軍北與突厥，以河爲界……仁願請乘虛奪取漠南之地，於河北築三受降城，首尾相應，以絕其南寇之路……以拂雲祠爲中城，與東、西兩城相去各四百餘里，皆據津濟，遙相應接，北拓地三百餘里，於牛頭、朝那山北置烽候一千八百所。自是突厥不得度山放牧，朔方無復寇掠，減鎮兵數萬人。」所謂牛頭、朝那山，可能是兩個山，朝那山就是蒙古語的狼山。《魏書・官氏志》：「叱奴氏，後改爲狼氏。」《華夷譯語・鳥獸門》譯蒙文：「狼，赤那。」〔註28〕上古音奴爲泥母魚部，王力擬爲 na，朝那山就是叱奴山、狼山。

〔註25〕〔日〕山田信夫著、余大鈞譯：《北方民族史與蒙古史譯文集》，雲南人民出版社，2003 年，第 90～91 頁。

〔註26〕陳得芝：《赤那思小考》，《元史論叢》第六輯，中國社會科學出版社，1997 年。收入陳得芝：《蒙元史研究叢稿》，人民出版社，2005 年，第 266～269 頁。

〔註27〕周運中：《王延德的使程與遼金絲綢之路再考》，2016 年 10 月 28～30 日，浙江大學人文高等研究院主辦「契丹與歐亞絲路文明」工作坊發表。

〔註28〕〔明〕火源潔：《華夷譯語》，四庫全書存目叢書編纂委員會編：《四庫全書存目叢書》經部第 188 冊，齊魯書社，1997 年，第 293 頁。

西漢安定郡也有朝那縣，在今寧夏固原，朝那顯然也是蒙古語的狼，這一帶原先都是游牧民族居地。

譚其驤主編《中國歷史地圖集》把牛頭朝那山標為一個小山，畫在中受降城之北。〔註29〕恐怕不確，一千八百個烽火臺，應該是在整個陰山山脈之北。所以牛頭、朝那是兩個山脈的名稱。牛頭山可能是靠近中受降城的陰山，朝那山可能就是今天的狼山。

狼山是陽山音變之說，沒有任何根據，純屬猜測，因為我們在漢代之後的史書中看不到任何陽山的記載。

其實高闕的上古音 kô-giuat，很接近蒙古語的青 köke，古代陝北有這個字的漢語音譯地名，《元和郡縣圖志》卷四銀州說：「舊有人牧驄馬於此谷，虜語驄馬為乞銀。」同書卷三延州膚施縣：「清水，俗名去斤水，北自金明縣界流入。《地理志》謂之清水，其肥可然。鮮卑謂清水為去斤水。」去斤、乞銀音近，去、乞都是溪母 kh，斤是見母文部 kiən，銀是疑母文部 ngiən，讀音很近。《說文》：「驄，馬青白雜毛也。」驄馬是青色的馬，和清水相通。《太平寰宇記》卷三六延州延川縣：「唐武德二年以廢城南有哥基川，遂置基州。哥基者，胡語云濯筋川是也。」哥基是 köke 音譯，因為基的古音是見母之部 kiə。或許高闕就是源自青山，所謂類似雙闕，是漢人晚出的附會。

青山是地名通名，今烏拉特後旗西南有呼和溫都爾鎮，即蒙古語青山，靠近高闕。呼和浩特即青城，清代譯大青山為庫庫和邵。

四、從衛青收河南地看高闕位置

酈道元說高闕在北河（烏加河）西北的狼山之南，西漢屬朔方郡。可是酈道元經常犯錯誤，特別是漢代和上古的地名，我們對酈道元所說的高闕也要懷疑三分。酈道元既然說到衛青在高闕打敗匈奴，我們就來看衛青的戰爭記載，《史記・衛將軍驃騎列傳》說元朔二年（前 127 年）：

> 令車騎將軍青出雲中以西，至高闕。遂略河南地，至於隴西，捕首虜數千，畜數十萬，走白羊、樓煩王。遂以河南地，為朔方郡……使建築朔方城……天子曰：「……今車騎將軍青，度西河，至高闕，獲首虜二千三百級，車輜畜產畢收為鹵，已封為列侯。遂西定河南地，按榆溪舊塞，絕梓領，梁北河，討蒲泥，破符離。」

〔註29〕譚其驤主編《中國歷史地圖集》第五冊，中國地圖出版社，1982 年，第 40 頁。

衛青打敗匈奴的高闕，應是酈道元所說的高闕，因爲詔書說衛青向西渡河，到高闕，則高闕在黃河的西部，應在狼山。但是司馬遷則先說高闕，再說到河南地。我認爲這是司馬遷的敘述方式問題，司馬遷先概述衛青所到最遠的地方高闕，再說衛青攻佔了河南地。如果高闕在今烏拉山，則距離漢朝已有的土地太近，不能成爲衛青的戰果。

朔方城在今杭錦旗的東北部，〔註30〕酈道元《水經注》卷三《河水》：

> 河水東北，逕三封縣故城東，漢武帝元狩三年置……河水又北，逕臨戎縣故城西，元朔五年立，舊朔方郡治……河水又北，有枝渠東出……東逕沃野縣故城南，漢武帝元狩三年立……河水又北，屈而爲南河出焉。河水又北迤西，溢於窳渾縣故城東。漢武帝元朔二年開朔方郡，縣即西部都尉治。

從酈道元的話，未必能看出窳渾縣與朔方郡同時設立。〔註31〕臨戎縣，晚到元朔五年（前 124 年）才有。三封縣、沃野縣，晚到元狩三年（前 120 年）。所以更北的臨河縣、河目縣，或許更晚。

王北辰據《元和郡縣志》說西受降城即臨河縣故城，在天德軍西一百八十里，推測臨河縣城在今臨河的黃羊木頭城。〔註32〕此說不確，廟壕村發現的長慶四年（824 年）天德軍防禦都虞侯王逆修墓誌銘說葬在天德軍城南原五里，〔註33〕證明陳二壕城是天德軍舊城。〔註34〕其西一百八十里的臨河縣城應是今五原縣西的五份橋古城，東西 1000 米，南北 700 米，而黃羊木頭城東西僅 500 米，南北 200 米，〔註35〕顯然不是臨河縣城。西漢在烏加河流域僅設一縣，朔方郡的縣治最密處在臨河到磴口一帶，有窳渾、臨戎、三封、沃野四縣。東漢郡治西移到臨戎縣（在今磴口縣補隆淖鄉河拐子村），裁臨河縣、河目縣，烏加河流域不設縣。似乎不利於證明高闕在烏加河西北，但漢代多次出兵高闕的記載和

〔註30〕 王北辰：《庫布齊沙漠歷史地理研究》，《王北辰西北歷史地理論文集》，第 21 ～37 頁。

〔註31〕 窳渾，應作渾窳，即賈誼《新書‧匈奴》灌窳、《史記‧匈奴列傳》渾庾、渾邪、昆吾、康居、呼韓邪。

〔註32〕 王北辰：《內蒙古後套平原的幾個歷史地理問題——兼考唐西受降城》，《王北辰歷史地理論文集》，第 363～364 頁。

〔註33〕 張郁：《唐王逆修墓誌銘考釋》，《內蒙古文物考古》1981 年創刊號。

〔註34〕 國家文物局主編：《中國文物地圖集》內蒙古自治區分冊，上冊第 271 頁，下冊第 623 頁。

〔註35〕 國家文物局主編：《中國文物地圖集》內蒙古自治區分冊，上冊第 267、270 頁，下冊第 615、621 頁。

烏拉特後旗西北的諸多古城則能佐證高闕在烏加河西北。最新考古發現證明高闕塞可能在今烏拉特後旗西南，這裡已經很靠近朔方郡西部的縣城密集區。

五、從衛青敗右賢王看高闕位置

衛青第一次南出高闕的三年後，元朔五年（前 124 年），衛青又有一次重大的戰爭，這一次是北出高闕，《漢書・匈奴傳上》：

> 其明年春，漢遣衛青將六將軍十餘萬人，出朔方高闕。右賢王以爲漢兵不能至，飲酒醉。漢兵出塞六七百里，夜圍右賢王。右賢王大驚，脫身逃走，精騎往往隨後去。漢將軍得右賢王人眾男女萬五千人，裨小王十餘人。

如果這個高闕，在石蘭計溝，右賢王的駐地在其北六百里，則在今蒙古國的南戈壁省。如果這個高闕，在烏拉山前，右賢王的駐地在其北六百里，則在今烏拉特中旗的北部。

古今里制不同，漢代的里比現在短。古人說的里是實際行走距離，比直線距離遠。所以我們去除這些因素，在地圖上用直線顯示六百里，要遠少於六百里。兩種高闕向北六百里，如下圖所示。

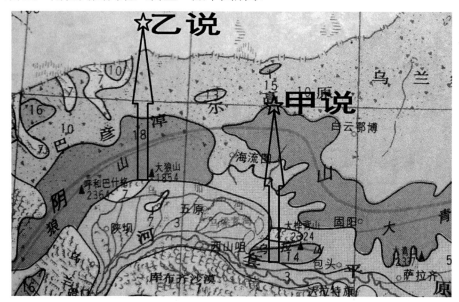

由高闕甲（烏拉山）、乙（狼山）兩說向北推出的右賢王駐地甲乙兩說（☆）〔註36〕

〔註36〕底圖來自劉明光主編：《中國自然地理圖集》，中國地圖出版社，1998 年，第179 頁。黑體字和箭頭、五角星是本書添加。

就在這一場大戰的次年，元朔六年（前 123 年）：

> 其明年春，漢復遣大將軍衛青將六將軍，十餘萬騎，仍再出定襄數百里，擊匈奴，得首虜前後萬九千餘級，而漢亦亡兩將軍，三千餘騎。右將軍建得以身脫，而前將軍翕侯趙信兵不利，降匈奴。趙信者，故胡小王，降漢，漢封爲翕侯，以前將軍與右將軍并軍，介獨遇單于兵，故盡沒。單于既得翕侯，以爲自次王，用其姊妻之，與謀漢。
>
> 信教單于益北絕幕，以誘罷漢兵，徼極而取之，毋近塞。單于從之。

匈奴經過此次大敗，接受趙信的建議，遷到漠北。此前的匈奴住在漠南，自然條件更好。但是大漠（戈壁）本身是一個很大的地區，包括今蒙古國南戈壁省、中戈壁省、東戈壁省、戈壁阿爾泰省等地，所以匈奴的北遷有一個過程。

戈壁在今包頭之北六百里，《新唐書・地理志七下》：「中受降城正北如東八十里，有呼延谷，谷南口有呼延柵，谷北口有歸唐柵，車道也，入回鶻使所經。又五百里至鸊鵜泉，又十里入磧，經醞鹿山、鹿耳山、錯甲山，八百里至山燕子井。又西北經密粟山、達旦泊、野馬泊、可汗泉、橫嶺、綿泉、鏡泊，七百里至回鶻衙帳。」中受降城即漢代五原城，其北五百九十里入磧（戈壁），五原和烏拉山緯度接近，如果從烏拉山向北六百里正是戈壁邊緣。

但是，如果右賢王住在此地，則距離漢地太近。右賢王認爲漢軍不能到他的駐地，說明很可能在戈壁之中。戈壁環境惡劣，但是這個地方可能僅是右賢王的臨時駐地，恰好被漢軍偷襲成功。戈壁雖然缺水，但是冬季溫度較高，所以匈奴人在冬季南遷到此。

六、從祭肜出兵看高闕位置

何清谷說漢武帝之後不見高闕記載，其實東漢有兩次戰爭涉及高闕。第一次是漢明帝永平十六年（73 年），《後漢書・南匈奴傳》說：「遣諸將四道出塞，北征匈奴。南單于遣左賢王信隨太僕祭肜及吳棠出朔方高闕，攻皋林溫禺犢王於涿邪山。虜聞漢兵來，悉度漠去。肜、棠坐不至涿邪山免。」卷二十《祭肜傳》：「十六年，使肜以太僕將萬餘騎與南單于左賢王信伐北匈奴，期至涿邪山。信初有嫌於肜，行出高闕塞九百餘里，得小山，乃妄言以爲涿邪山。肜到不見虜而還，坐逗留畏懦下獄免。」

涿邪山在今蒙古國西南，如果高闕在今狼山，則位置符合。如果高闕在今烏拉山，則遠離朔方郡西北邊塞。烏拉山在五原、朔方郡之間，古人都說

朔方高闕，說明高闕很可能在朔方郡西北。

七、從竇憲出兵看高闕位置

東漢和帝永元元年（89年），竇憲率大軍北征匈奴，大勝，登燕然山。《後漢書》卷四《和帝紀》永元元年：「夏六月，車騎將軍竇憲出雞鹿塞，度遼將軍鄧鴻出稒陽塞，南單于出滿夷谷，與北匈奴戰於稽落山，大破之，追至私渠比鞮海。竇憲遂登燕然山，刻石勒功而還。」卷八十九《南匈奴傳》：「永元元年，以秉為征西將軍，與車騎將軍竇憲率騎八千，與度遼兵及南單于眾三萬騎，出朔方擊北虜，大破之。北單于奔走，首虜二十餘萬人。事已具《竇憲傳》。」

卷二十三《竇憲傳》：

> 憲與秉各將四千騎及南匈奴左谷蠡王師子萬騎，出朔方雞鹿塞。南單于屯屠河，將萬餘騎，出滿夷谷。度遼將軍鄧鴻，及緣邊義從羌胡八千騎，與左賢王安國萬騎，出稒陽塞，皆會涿邪山。憲分遣副校尉閻盤、司馬耿夔、耿譚將左谷蠡王師子、右呼衍王須訾等，精騎萬餘，與北單于戰於稽落山，大破之，虜眾崩潰，單于遁走，追擊諸部，遂臨私渠比鞮海。斬名王已下萬三千級，獲生口馬牛羊橐駝百餘萬頭。於是溫犢須、日逐、溫吾、夫渠王柳鞮等八十一部率眾降者，前後二十餘萬人。憲、秉遂登燕然山，去塞三千餘里，刻石勒功，紀漢威德，令班固作銘曰：「惟永元元年秋七月，有漢元舅曰車騎將軍竇憲，寅亮聖明，登翼王室，納於大麓，惟清緝熙。乃與執金吾耿秉，述職巡御，理兵於朔方。鷹揚之校，螭虎之士，爰該六師，暨南單于、東烏桓、西戎氐羌侯王君長之群，驍騎三萬。元戎輕武，長轂四分，雲輜蔽路，萬有三千餘乘。勒以八陣，蒞以威神，玄甲耀日，朱旗絳天。遂陵高闕，下雞鹿，經磧鹵，絕大漠……」

2017年7月7月27日至8月1日，中國內蒙古大學蒙古學研究中心與蒙古國成吉思汗大學合作，找到了燕然山銘，印證了史書的記載。

班固所作銘文說：「遂陵高闕，下雞鹿，經磧鹵，絕大漠。」下雞鹿指竇憲一路，前面多出的高闕一句，很可能也是指竇憲一路，則高闕不應遠離雞鹿塞。雞鹿塞在今磴口縣西北，則高闕很可能在狼山，而非烏拉山。

高闕在今狼山，還有考古學證據。今巴彥淖爾盟北部的漢代外長城兩側

發現的城址、障址，烏拉特後旗西北部最多。這一帶正是在狼山西北，說明非常重要，所以高闕塞很可能在狼山。如果高闕在烏拉山鎮，則漢代早已在長城之南，不是重要的邊塞。

支持高闕在烏拉山的證據僅有司馬遷追溯趙國長城西段到高闕這一條，因爲距離相距兩百年，所以司馬遷的話未必可信。或許因爲秦長城的西段到了高闕，所以司馬遷誤以爲趙長城的西段也到了高闕。蒙恬渡河取高闕，很可能是指渡過烏加河，到了狼山。如果高闕在烏拉山鎮，早已在趙國故地，不需要由蒙恬再北渡黃河攻佔。也有可能是因爲我們以前未能發現趙長城延伸到狼山，據魏堅等人考察，趙長城延伸到了狼山。如果確實如此，則烏拉山說本身不能成立。

趙國西北疆域或許到達狼山，《史記・趙世家》說趙襄子：「娶空同氏。」《正義》引李泰《括地志》：「崆峒山在肅州福祿縣東南六十里，古西戎地。又原州平高縣西百里，亦有崆峒山，即皇帝問廣成子道處。俱是西戎地，未知孰是。」崆峒山，一說在肅州（今酒泉）福祿縣（今酒泉東南）東南六十里，一說在原州平高縣（今固原）西百里。說明趙國和西北關係密切，所以趙武靈王的長城也有可能延伸到狼山。

另一個被前人忽視的證據是《史記・趙世家》記載趙襄子受到霍泰山（今太岳山）山陽侯天使的神諭說：「至於後世，且有伉王，赤黑，龍面而鳥噣，鬢靡髭䫈，大膺大胸，修下而馮，左衽界乘，奄有河宗，至於休、溷諸貉，南伐晉別，北滅黑姑。」這個後世的伉王是趙武靈王，河宗在黃河上游，《穆天子傳》的河宗氏在今靖遠一帶，休、溷即休屠、渾邪。雖然漢代的朔方郡也有修都縣，修都即休屠，但是找不到渾邪，而且修都很可能是休屠人東遷的一支。所以趙武靈王邊界到達的休、溷仍然最有可能在河西走廊，趙國佔有整個河套。因爲趙國佔有整個河套，所以趙武靈王才想從雲中、九原向南攻打秦國，還親自考察這條路，到了秦國。如果趙國的邊界最遠到達烏拉山，不能穩固控制整個河套，則不太可能敢從雲中、九原向南攻打秦國。如果趙國的最西北邊界到達狼山，則不存在高闕的遷移。

烏拉特後旗達巴圖溝口的漢代古城可能是高闕塞，因爲其西的狼山在此忽然縮窄，特別容易穿過，所以說此山中斷。因爲山體斷開，形似缺口，所以稱爲高闕。高闕的名字未必源自蒙古語的青色，因爲這一帶的山體紅色。此地靠近雞鹿塞，也解釋了班固說竇憲出兵雞鹿塞時經過高闕的疑點。此地

在黃河西側，也解釋了衛青西渡河，到高闕。

但是酈道元說北河（烏加河）轉向東流，才過高闕，則達巴圖溝口的位置不符合。石蘭計山口之北的狼山也忽然縮窄，所以高闕也有可能在此。此處山口朝北，符合衛青北擊匈奴右賢王的記載。達巴圖溝口的古城由兩個小城組成，北城邊長約 36 米，南城東西長約 58 米，南北寬約 43 米。石蘭計溝障城，南北約 150 米，東西約 300 米，比達巴圖溝口古城大。而且石蘭計溝障城西北障城更多，直通漢外長城。其西北是原烏拉特後旗所在地，自然環境更好。而達巴圖溝口古城的西北是沙漠，缺乏遺址。

這兩說都有可取之處，暫時不能確定，但是距離不遠，都在狼山，可以統稱爲狼山說。至於具體位置，留待未來確定。

張守節《史記正義》說：「《地理志》云朔方臨戎縣北有連山，險於長城，其山中斷，兩峰俱峻，土俗名爲高闕也。」未必可信，因爲張守節晚於酈道元幾百年，很可能是抄《水經注》。這句話不是出自《漢書・地理志》，臨戎縣北也不能證明高闕在達巴圖山口，因爲達巴圖山口正南是渾窋縣（磴口縣沙金套海蘇木土城子），不是臨戎縣。另外王治國文中引張穆《蒙古游牧記》爲證，但《蒙古游牧記》卷五說綽農陀羅海在烏喇特部之東，在今包頭，不是今烏拉特後旗西南的達巴圖山口，所以此證不能成立。

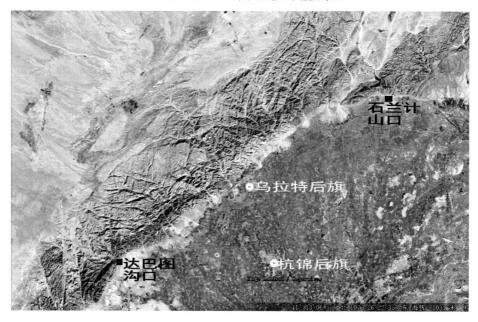

高闕在達巴圖溝口、石蘭計山口兩說地圖

八、假中在今固陽縣與漢代固陽位置

俗話說：「黃河百害，惟富一套。」黃河中游，最富庶的是河套，河套地名的由來，就是黃河干流和烏加河兩頭相交，形如套子，這是最早的河套，也是現代狹義的河套，俗稱後套。

但是如果北假中在烏加河流域的話，則面臨一個問題，那就是西漢在烏加河沿岸僅設兩個縣：臨河縣、河目縣，看不出有很多人屯田的跡象。而西漢九原郡、雲中郡的縣非常密集，說明烏加河流域人口稀少。從考古發現來看，今烏加河流域的漢代遺址很少，看不出有大規模屯田的跡象。從降水量圖可以看出，內蒙古的降水量，東多西少。從呼和浩特向西，降水越來越少。烏拉山正北、烏梁素海以東，現在已經變成沙漠，降水很少。〔註37〕烏加河流域的降水不多，不是河套地區農業條件最好的地方。現在諺語說黃河惟富一套，指廣義河套。

《史記》卷一一二《平津侯主父列傳》說：

> 秦皇帝不聽，遂使蒙恬將兵攻胡，闢地千里，以河爲境。地固澤鹵，不生五穀。然後發天下丁男，以守北河。暴兵露師，十有餘年，死者不可勝數，終不能踰河而北……偃盛言朔方地肥饒，外阻河，蒙恬城之以逐匈奴，內省轉輸戍漕，廣中國，滅胡之本也。上覽其說，下公卿議，皆言不便。公孫弘曰：「秦時常發三十萬眾，築北河，終不可就，已而棄之。」主父偃盛言其便，上竟用主父計，立朔方郡。

秦代曾經在北河修築長城，但又放棄。秦代所修的長城，從今烏拉特中旗的石蘭計溝口向東延伸，今天稱爲秦漢長城。

《漢書》卷五二《韓安國傳》：

> 及後蒙恬爲秦侵胡，闢數千里，以河爲竟，累石爲城，樹榆爲塞，匈奴不敢飲馬於河。

這段話說，秦朝的邊界在黃河沿線，但是下文說匈奴不敢飲馬於河，所以邊界已在黃河以北，而且有長城。

《秦始皇本紀》說：「自榆中，並河以東，屬之陰山，以爲三十四縣，城河上爲塞。又使蒙恬渡河，取高闕、陶山北假中。」

〔註37〕劉明光主編：《中國自然地理圖集》，中國地圖出版社，1998年，第181、183頁。

《匈奴列傳》說：「因邊山險塹溪谷可繕者治之，起臨洮至遼東萬餘里。又度河，據陽山北假中。」

對比兩條可知，秦代設置的防線先在黃河之南，再渡河，到高闕，但是高闕和陶山（陰山）並列，不能說假中就在高闕的正北。

我們如果能找到一塊地方，既是平地，又在陰山之北、長城之南，又不在烏加河流域，就是陰山北假中。確實有這樣一個地方，就是現在烏拉特前旗東部到固陽縣一帶。既是山北，也是山南，其實是一個山間小盆地。在趙長城之北，秦漢長城之南。

從考古遺址來看，今烏拉特前旗的烏拉山北麓，漢代遺址稀少，但是今固陽縣的漢代遺址很多，所以北假中主要在今固陽縣。

上古音的固是見母魚部 ka，假也是見母魚部 kea，雙聲疊韻，所以固、假的讀音非常接近，所以假中是固中。

下面我們來尋找稒陽城的位置，《水經注》卷三《河水》，記載黃河從烏拉山開始，北岸有西安陽、田闢、成宜、原亭、宜梁、副陽，才到五原郡城：

> 屈東過九原縣南。

> 河水又東，逕成宜縣故城南……河水又東，逕原亭城南。闞駰《十三州志》曰：中部都尉治。河水又東，逕宜梁縣之故城南。闞駰曰：五原西南六十里，今世謂之石崖城。河水又東，逕副陽城南，東部都尉治。又東，逕河陰縣故城北。又東，逕九原縣故城南。秦始皇置九原郡，治此。漢武帝元朔二年更名五原也……西北接對一城，蓋五原縣之故城也……《竹書紀年》云：魏襄王十七年，邯鄲命吏大夫奴遷於九原，又命將軍大夫適子、戍吏皆貉服矣。其城南面長河，北背連山，秦始皇逐匈奴，並河以東，屬之陰山，築亭障為河上塞。

> 又東過臨沃縣南。

> ……河水又東，枝津出焉。河水又東流，石門水南注之，水出石門山。《地理志》曰：北出石門鄣，即此山也。西北趣光祿城，甘露三年，呼韓邪單于還，詔遣長樂衛尉高昌侯董忠、車騎都尉韓昌等，將萬六千騎，送單于居幕南保光祿。徐自為所築城也，故城得其名矣。城東北，即懷朔鎮城也。其水自鄣東南流，逕臨沃城東，東南注於河。河水又東，逕稒陽縣故城南……河水決其西南隅，又

東南，枝津注焉。水上承大河於臨沃縣，東流七十里，北漑田，南

北二十里。注於河。

因爲《水經注》記載的城很多，現在發現的城址不足，所以我們不能全部考
出。很多城瀕臨黃河，或被黃河沖毀，或尚未發現。酈道元說稒陽縣，就被
黃河沖毀了西南角。雖然如此，絕大多數重要的古城，我們還是可以考出。

楊守敬《水經注圖》的九原城在坤都倫河（昆都侖河）之西，臨沃城在
無黨河（五當溝）之西，石門障在蘇爾哲河（水澗河）源頭，稒陽城在其東
南，咸陽城在邁達里河（美岱溝）之東。〔註38〕此圖固然未按今天的考古發
現，但稒陽、咸陽位置偏東，反而接近正解。

王文楚先生認爲，古城灣古城是稒陽縣城，麻池古城是臨沃縣城，烏拉
特前旗明暗鄉明暗川北的小召門梁古城是光祿城，梅令山古城是懷朔鎮，稒
陽道就是昆都侖河谷，石門障也在昆都侖河谷。〔註39〕九原縣城是孟家梁古
城，五原縣城是哈德門溝城堡。〔註40〕譚其驤主編地圖集的錯誤相同，王文
附圖畫出石門水，清晰地展示了錯誤原因，所以本文也列出其附圖，以更好
地與邱樹森之文對比。

邱樹森先生認爲，宜梁是三頂賑房古城，五原是包頭西五十公里的哈德
門溝古城，九原是包頭市四十五公里的孟家梁古城，臨沃是麻池古城，稒陽
是包頭市二十五公里的古城灣古城。他還認爲石門水不是昆都侖河，而是包
頭河，因爲今昆都侖河下游西南流，而石門水下游東南流。石門水之東，僅
有稒陽縣，所以石門水是包頭河。光祿城是烏拉特前旗明暗鄉明暗川北的小
召門梁古城。〔註41〕

今按，《漢書·地理志下》五原郡說：

稒陽，北出石門障，得光祿城，又西北得支就城，又西北得頭

曼城，又西北得虖河城，又西得宿虜城。

稒陽縣城，正北就是石門障，如果按照王文說法，石門水是昆都侖河，而古
城灣古城離昆都侖河很遠，所以王文的說法自相矛盾。王文說河流有改道，

〔註38〕 〔清〕楊守敬等編繪：《水經注圖》，第 117、118 頁。

〔註39〕 王文楚：《從內蒙古昆都侖溝的幾個古城遺址看漢至北魏時期陰山稒陽道交
通》，《復旦學報（社會科學版）》增刊《歷史地理專輯》，1980 年。收入王文
楚：《古代交通地理叢考》，北京：中華書局，1996 年，第 18～頁。

〔註40〕 王文楚、施一揆：《秦兩漢九原縣與兩漢五原、河陰縣》，《歷史地理研究》第
1 輯，復旦大學出版社，1986 年，第 420～421 頁。

〔註41〕 邱樹森：《古稒陽道新考》，《元史及北方民族史研究集刊》第 9 期，1985 年。

但是他沒有注意古城灣古城還在包頭河之東，不可能屬於昆都侖河流域。

　　邱文發表時間在王文之後，雖然不提王文，但是從內容來看，似乎正是爲了解決王文的問題。邱文把石門水移到了古城灣古城的正北，也就是包頭河，這就解決了石門障在稒陽城北的問題。但是邱文的新問題是，包頭河非常短小，不能到達陰山之北，所以不可能是石門水。

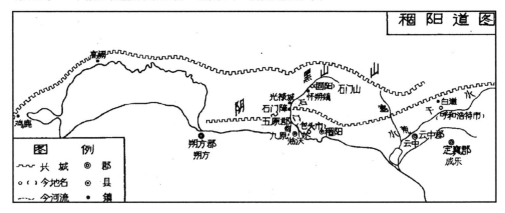

王文楚文中附圖

邱樹森之文附圖

　　前人未能看到更豐富的考古資料，今據更詳確的考古資料，我們可以解決這個問題。包頭市南部的麻池鎮城梁村，有戰國到漢代的麻池古城，這個城的形狀非常獨特，由兩城銜接而成，西北城和東南城還有一部分重合。〔註42〕其西北有孟家梁漢代古城，在昆都侖河之西，面積不詳。〔註43〕

　　再西有烏拉特前旗黑柳子鄉三頂賬房村南的古城，時代是戰國到西漢，東漢末年廢棄，邊長 1000 米，基寬 12 米，四角有角臺，又被稱爲九原郡古城。其西北靠近堡子灣村，有一座北魏到西夏的古城。〔註44〕

　　麻池古城因爲形狀完全符合酈道元所說的九原城西北對接五原城，所以考古學者認爲是酈道元所說的九原城和五原城，昭君墳古城爲宜梁縣城，三頂賬房城爲成宜縣城，孟家梁古城爲稒陽縣城，哈德門溝古城爲原亭城，古城灣古城爲稒陽縣城。〔註45〕此說出現兩個稒陽，因爲所據《水經注》版本有誤，前一個稒陽，《水經注》舊本作副陽，朱本作稒陽。《漢書·地理志》說東部都尉在稒陽，楊守敬認爲當據《水經注》，訂正《漢書》。〔註46〕我以爲楊說不確，此地既然在郡治之西，不應是東部都尉。稒陽在五原郡東，應是東部都尉所在。所以應是酈道元看到的書有誤，使得他認爲東部都尉在此。

　　我認爲麻池古城確實是九原、五原城，王、邱之臨沃說不對，但是古城灣古城不是稒陽縣城，因爲黃河先經九原、五原，再經臨沃，麻池定爲九原、五原，則其東的古城灣古城就是臨沃縣城。

　　臨沃縣分出黃河支流，所以臨沃縣不可能在包頭附近，因爲今麻池、孟家梁古城附近有十個漢墓群，說明這裡是一片高地。其實就是九原、五原名字由來，九原大概是東南的九個高地，五原是西北的五個高地。前人未看到麻池古城形狀，無法想像九原城和五原城是銜接的兩個城，誤以爲九原、五原兩縣城之間還有一段距離。誤以爲麻池城是臨沃縣城，於是臨沃、稒陽等

〔註42〕國家文物局主編《中國文物地圖集·內蒙古自治區分冊》，上冊第 126 頁，下冊第 60 頁。
〔註43〕國家文物局主編《中國文物地圖集·內蒙古自治區分冊》，上冊第 126 頁，下冊第 60 頁。
〔註44〕國家文物局主編《中國文物地圖集·內蒙古自治區分冊》，上冊第 271 頁，下冊第 622、623 頁。
〔註45〕張海斌：《九原區麻池城址及周邊漢墓》，內蒙古自治區文物考古研究所編：《包頭文化遺產》，文物出版社，2014 年，第 67～70 頁。
〔註46〕〔北魏〕酈道元注、楊守敬、熊會貞疏、段熙仲點校：《水經注疏》，江蘇古籍出版社，1989 年，第 223 頁。

縣都連帶西移。

　　孟家梁古城現在殘存西牆 40 米，是一個小城，不符合九原城郡治的特徵。而哈德門溝城堡是長城上的一個障，不是縣城，南牆利用長城，東西僅有 213 米，南北現存最寬 203 米。這兩個城遠遠小於麻池城，不可能是五原縣城。

麻池古城衛星圖（底圖來自谷歌地球，城牆黑線為本文添加）

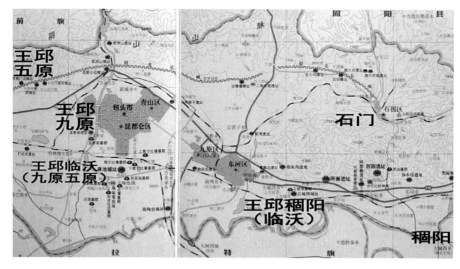

包頭附近的漢代地名圖〔註47〕

〔註47〕底圖來自《中國文物地圖集・內蒙古自治區分冊》上冊第 126～127 頁，大號黑體字為本文添加。

臨沃縣城如果改到古城灣古城，則完全符合，因爲從包頭市向東，到了土默特右旗境內，從地圖上可以明顯看到黃河散流的很多河道。有人說，古城灣古城有洪水淤泥層，符合酈道元所說黃河沖決稒陽城的西南角。〔註 48〕我以爲這是兩件事，古城灣古城的洪水是後世出現，不能證明古城灣古城就是稒陽城。

黃河支流在臨沃縣城之西分出，再到稒陽城東，是七十里。從古城灣古城之西，向東七十里，是今土默特右旗西南的大城西村。村中老人說，他們兒時古城還存有邊長 400 餘米的四面城牆，今存北牆。〔註 49〕此地在民生渠、躍進渠交匯處，其北正對從陰山流出的水澗河，原來河流密集。

土默特右旗一帶的漢代古城位置〔註 50〕

既然稒陽城在土默特右旗西南的大城西古城，則顯然應是因爲在固山之陽得名。而且西漢五原郡，還有一個固陵縣，顯然源自固山。大青山的主峰就在土默特右旗，這一帶高山突出向南，所以稒陽、固陵，以山得名。

稒陽之北，正對石門障，石門水不是昆都侖河，而是大城西古城西北的五當溝。2015 年 11 月 10 日新聞報導，內蒙古文物考古研究所的學者在五當溝谷，石拐區南的古城塔村之西的石門溝口北側，發現人工開鑿底寬 2 到 2.5

〔註 48〕王曉玲：《東河區古城灣古城》，內蒙古自治區文物考古研究所編：《包頭文化遺產》，第 84～85 頁。

〔註 49〕阿勒得爾圖：《在內蒙古包頭境內被發現 西漢石門障揭開神秘面紗》，《中國文化報》2016 年 2 月 22 日第 8 版。

〔註 50〕底圖來自《中國文物地圖集・內蒙古自治區分冊》上冊第 128～129 頁，黑方框內的漢代古縣名，爲本文添加。

米的石門，這就是石門障，據老人說古城塔村原有古城遺址，現在已經毀壞。在五當溝溝內及其兩側山上，發現漢代當路塞長城牆體 2 段、烽燧 5 座、障城 3 座、遺址 1 處，均為石門塞的組成部分。五當溝障城，因其位於石門山東山下，地處五當溝大轉彎處西側的山前臺地之上，扼守險要。障城平面大致呈梯形，土築牆體，南牆長 20 米，北牆長 32 米，東牆、西牆均長 22 米。〔註51〕

我認為這個發現非常重要，文獻和文物完全吻合。根據這個考古發現，可知稒陽之北就是固中，也即假中，在今固陽縣。

大青山之所以稱為固山、假山，我以為很可能是蒙古語黑色 kara 的簡譯，漢人取其前半部分 ka，或者省略中間發音較輕的 r，記成固、假。

遼代稱呼和浩特西北的山為夾山，〔註52〕讀音也很接近假 ka，或許是同源地名，其實就是同一片山。

假中在今固陽縣，是屯田之地，人口較多，今固陽縣境內的漢代遺址確實很多，除了梅令山、下城灣、馮灣三個城址，還有七個漢代遺址，北部有兩道漢長城和四個障址。

九、五原郡和雲中郡的分界

五原郡和雲中郡的分界線，大致是今大黑河。前人因為誤考諸縣城，所以誤以為雲中郡的西界一直到土默特右旗的西部。〔註53〕

前人誤以為雲中郡最西部的咸陽縣，在今土默特右旗東部，其實應是今土默特左旗東部的土城村古城，因為其東南的托克托縣古城村古城是雲中郡所在的雲中縣城，所以土默特左旗最東部的漢代古城才是咸陽縣城。

總之，譚其驤《中國歷史地圖集》九原、臨沃、稒陽、咸陽、雲中五個縣應該集體東移，才是正確位置，而且稒陽、咸陽之間，還有蒲澤縣。譚圖的臨沃縣，應是九原縣。譚圖的稒陽縣，應是臨沃縣。

如果我們如此調整，就解決了譚圖五原郡形狀奇怪的問題，譚圖的五原郡在東南角伸出一塊飛地，有武都縣，其實這塊根本不是飛地，因為譚圖誤把五原郡的東部畫成了雲中郡的西部，才有了這塊飛地。

〔註51〕李愛平：《新發現漢代石門障證〈清史稿〉稒陽道記載有誤》《中國新聞網》2015 年 11 月 10 日。

〔註52〕陳得芝：《耶律大石北行史地雜考》，《歷史地理》第二輯。收入陳得芝：《蒙元史研究叢稿》，第 78～80 頁。

〔註53〕譚其驤主編《中國歷史地圖集》第二冊，中國地圖出版社，1982 年，第 17 頁。

　　調整過的五原郡、雲中郡，大體上的界線是今土默特左右旗的界線。這個地方正是河湖密集之地，所以有蒲澤縣。這條郡界和黃河交匯處，有一個大湖，《水經注》稱爲沙陵湖，其東是雲中郡的沙陵縣。

　　今土默特左旗、土默特右旗是內蒙古人口最稠密的地區之一，介於包頭和呼和浩特之間，位置非常重要。但是在秦漢時期，竟然是前套城市最稀少的地區，說明當時雲中郡和九原郡之間人口稀少。

　　造成這種疏離的原因，肯定是自然地理原因。黃河在過了包頭之後，進入土默川，突然散流，現在經過改造，成爲糧倉。最早作爲游牧民族水草豐美的牧場，不需要改造。但是漢人剛進入時，不能很快整治。所以這片河湖交錯的地方，漢人很少，交通不便。

調整過的五原郡、雲中郡諸城（黑框）和郡界（虛線）〔註54〕

〔註54〕底圖來自譚其驤主編《中國歷史地圖集》第二冊，第17～18頁，黑方框內的漢代古縣名和黑色虛線，爲本文添加。

經過西漢、東漢數百年的墾殖，土默川的水利開始發達，酈道元《水經注》卷三《河水》：

> 河水又東，逕稒陽縣故城南……河水決其西南隅，又東南，枝津注焉。水上承大河於臨沃縣，東流七十里，北漑田，南北二十里。注於河。

東漢的稒陽道非常重要，正是因為土默川的開發，使得稒陽縣的經濟地位上升。酈道元稱大黑河的下游為白渠，說明這裡有渠道。

十、光祿城到宿虜城諸城考證

五當溝谷經過石門障，東漢稱固陽塞，《後漢書》卷四《和帝紀》說：

> 車騎將軍竇憲出雞鹿塞，度遼將軍鄧鴻出稒陽塞，南單于出滿夷谷，與北匈奴戰於稽落山，

說明稒陽塞很重要，是一個單獨的塞，不是卷八九《南匈奴傳》多次提到的五原塞。

固陽塞在北魏仍然很重要，《魏書》卷二《太祖紀》登國六年（391年）七月，劉衛辰：「遣子直力鞮，出稒楊塞，侵及黑城。九月，帝襲五原，屠之。收其積穀，還紐垝川。於稒楊塞北，樹碑記功。」

稒陽塞雖然最早見於東漢，其實應該追溯到王莽在北假中屯田資助軍糧，因為北假中就是直對固陽塞。王莽在北假設田禾將軍以資助軍糧的前一年，改匈奴單于曰降奴服于，十道並出，大征匈奴，其中有五原郡、雲中郡，但是沒有朔方郡，說明北假中在五原郡，不在朔方郡。因為大軍從五原郡出發，自然在五原郡屯田更便利。而且今固陽縣在五原郡的最東北部，恰好鄰近雲中郡，所以在此屯田，可以接濟雲中郡出發的大軍。

在北假設田禾將軍，是王莽北伐匈奴計劃的一部分，所以此地曾設田官，不是說一直設有田官，也不說明這裡是北邊最適合農耕的地方。酈道元說臨沃到稒陽的黃河支流，灌溉農田，說明經過西漢中期的長期開墾，稒陽已有發達的農業，所以王莽要以稒陽為基地，在其正北的假中也即今固陽縣境內屯田。

石門水西北流經光祿城，光祿城的東北是懷朔鎮。石門水是五當溝，上游確實向西北流，經過下城灣古城的南部，東西542米，南北275米，〔註55〕

〔註55〕國家文物局主編《中國文物地圖集·內蒙古自治區分冊》，上冊第130頁，下冊第66頁。

無疑是光祿城。其實是在懷朔鎮城的南偏東，酈道元所說方向稍誤。

據最新發現，在這個古城的西部，還有城梁古城，分為東西兩城，西城又分為四個小城。〔註 56〕我認為城梁城的形狀之所以很特別，很可能是為了安置匈奴降人而設，所以分為四塊。前引王文楚之文，誤以為梅令山古城是懷朔鎮城，所以又誤以為烏拉特前旗的小召門梁古城是光祿城。其實烏拉特前旗的東部，在昆都侖河的西側，昆都侖河在此南流，而非西北流，所以不對。

《漢書·地理志》說，出石門障，到光祿城，西北到支就城，又西北得頭曼城，又西北得虖河城，又西得宿虜城。譚其驤主編《中國歷史地圖集》的支就城、頭曼城、虖河城、宿虜城距離太近，不合情理，塞北人煙稀少，地名稀疏，游牧民族的活動範圍很大，這四個城不可能距離很近，宿虜城不可能靠近邊塞。

根據最新的考古發現，支就城的位置應稍往東南移，頭曼城的位置也要稍向東南移，虖河城、宿虜城的位置則要向西北大為移動。我認為，支就城就是梅令山古城，在城梁古城的西北，在昆都侖河岸，控扼河谷。梅令山古城的年代是漢代、北魏，東西 400 米，南北 350 米，有五銖錢、貨泉銅錢等。〔註 57〕梅令山古城的西部，還有馮灣古城，邊長 150 米。烏拉特前旗的朝陽鄉有三老虎溝古城，僅存南牆，殘存 150 米。今烏拉特前旗的大努氣古城，邊長 120 米。〔註 58〕這三個城比較小，不是《地理志》這一段話中的古城。

頭曼城，可能是烏拉特前旗東北角的增隆昌古城，緊鄰秦漢長城。南北 315 米，東西 240 米，城內偏北有一個很大的臺基，北魏曾經擴建。〔註 59〕這是一個較大的城，符合頭曼之名。頭曼是阿爾泰語的萬，經常用於單于名號。

〔註56〕張海斌：《固陽縣城梁城址》，內蒙古自治區文物考古研究所編：《包頭文化遺產》，文物出版社，2014 年，第 80～82 頁。

〔註57〕國家文物局主編《中國文物地圖集·內蒙古自治區分冊》，上冊第 130 頁，下冊第 66 頁。

〔註58〕國家文物局主編《中國文物地圖集·內蒙古自治區分冊》，上冊第 271 頁，下冊第 623 頁。

〔註59〕國家文物局主編《中國文物地圖集·內蒙古自治區分冊》，上冊第 271 頁，下冊第 622 頁。

虖河城，在今烏拉特中旗，這裡有很多河流，可能是第一道外長城上的烏蘭障城或烏蘭西障城，前者邊長 88 米，後者邊長 135 米，都比較小。〔註60〕

宿虜城，應是今第二道外長城上的臺郭勒障城，南北 90 米，東西 160 米。東牆中部偏北有門，外有甕城。障城之外，還有塢牆，南北 376 米，東西 360 米。〔註61〕此城很大，因為在最外側的長城，直接面臨匈奴。上文說過，此地在高闕之北六百里，正是匈奴右賢王的駐地。所以很可能因此，有宿虜城之名。

呼韓邪單于內附，居住在光祿城，說明今固陽縣在西漢時期非常重要，是漢地和草原來往的要道。北魏在昆都侖河的上游設懷朔鎮，建立北齊的高歡是懷朔鎮人，他手下的很多重要人物都是懷朔鎮人。唐代中受降城入回鶻道，也是從固陽縣向北，中受降城就是漢代的五原郡城，說明這條路仍然重要。

綜上所述：

1. 陽山、陶山都是陰山的形誤，陰山的名字未必源自漢語的陰陽，很可能是因為看上去青黑，即大青山，古代又稱黑山。

2. 漢代四次戰爭的記載，印證酈道元的說法，高闕很可能在今狼山，在今石蘭計山口到達巴圖溝一帶。高闕最有可能在今石蘭計山口，司馬遷說高闕是趙長城的西端，很可能是混淆了秦長城的西端和趙長城的西端，秦長城的西端正是在今狼山。趙長城也可能延伸到今狼山，或許是前人未發現狼山趙長城而誤以為高闕在烏拉山。

3. 假中很可能主要在今固陽縣，在趙長城之北、秦漢長城之南，是陰山之中的一個小盆地，地形特殊。

4. 稒陽城是今土默特右旗大城西古城，因在大青山南得名，大青山是固山，西漢五原郡有固陵縣。固、假的上古音雙聲疊韻，接近 ka，可能源自北方民族語言黑色 kara。遼代的夾山是今大青山，讀音接近，可能是同源字。

5. 稒陽北對石門障，在五當溝。王莽征匈奴，河套唯有五原、雲中郡出兵，又在北假中屯田，說明假中很有可能在今固陽縣，在五原、雲中郡之間。

〔註60〕國家文物局主編《中國文物地圖集・內蒙古自治區分冊》，上冊第 273 頁，下冊第 626 頁。

〔註61〕國家文物局主編《中國文物地圖集・內蒙古自治區分冊》，上冊第 273 頁，下冊第 626 頁。

漢代胡漢戰爭畫像石（周運中 2007 年 8 月 5 日攝於徐州漢畫像石藝術館）

西漢西河、北地、上郡西北邊界考

　　西漢西河郡的西北邊界，在眩雷塞、翁龍埤是障，《漢書・地理志下》西河郡：「元朔四年置，南部都尉治塞外翁龍埤是。」增山縣：「有道西出眩雷塞，北部都尉治。」虎猛縣：「西部都尉治。」

　　《史記・匈奴列傳》說霍去病封狼居胥山：「是後匈奴遠遁，而幕南無王庭。漢度河自朔方以西至令居，往往通渠置田，官吏卒五六萬人，稍蠶食，地接匈奴以北。」令居縣在今甘肅永登縣之北，說明從內蒙古、寧夏到甘肅的黃河沿線已經完全為漢朝佔據。又說：「烏維單于立三年，漢已滅南越，遣故太僕賀將萬五千騎出九原二千餘里，至浮苴井而還，不見匈奴一人。漢又遣故從驃侯趙破奴萬餘騎，出令居數千里，至匈河水而還，亦不見匈奴一人。」從令居（今永登）向北數千里，已無匈奴，說明今阿拉善一帶也已經為漢朝控制。

　　又說：「漢使楊信於匈奴，是時漢東拔穢貉、朝鮮以為郡，而西置酒泉郡以鬲絕胡與羌通之路，漢又西通月氏、大夏，又以公主妻烏孫王，以分匈奴西方之援國。又北益廣田，至眩雷為塞，而匈奴終不敢以為言。」

　　裴駰《集解》引東漢末人蘇林《漢書音義》：「眩雷，地名，在烏孫北。」此說顯然不確，眩雷塞、廣田縣在西河郡，北益廣田，至眩雷為塞，不可能在烏孫，這是誤以為上一句說烏孫，下一句必然在烏孫，其實上文還說到朝鮮、月氏、大夏、酒泉等地，距離很遠。

　　漢滅朝鮮在元封三年（前 108 年），有人以為置眩雷塞也在元封三年，其實置酒泉郡的時間不同，《漢書・地理志》說在太初元年（前 104 年）置酒泉、張掖郡，《武帝紀》說元狩二年（前 121 年）以昆邪、休屠部置武威、酒泉郡，

元鼎七年（前110年）分武威、酒泉郡置張掖、敦煌郡。說明酒泉郡是元狩二年（前 121 年）設，張騫出使月氏更早，說明這一段話是後世綜述，不是元封三年的事。則北益廣田，至眩雷爲塞，可能也不是元封三年的事。

一、今人觀點分歧

譚其驤主編的《中國歷史地圖集》（以下簡稱《譚圖》）有新版、舊版之分，1974 年內部出版的舊版《譚圖》的第二冊，西漢西河、北地、上郡西北邊界從賀蘭山北延到狼山。〔註1〕1982 年出版的新版《譚圖》第二冊，西漢西河、北地、上三郡西北邊界有一個很大的彎曲，匈奴的地域一直深入到甘肅省東北部華池縣、環縣北部。〔註2〕

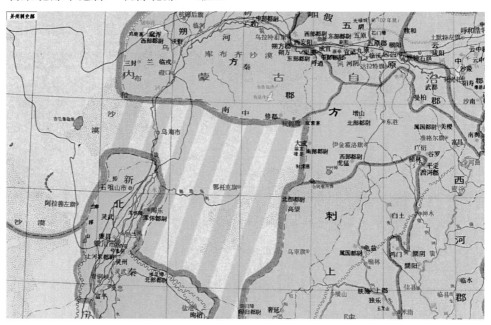

譚其驤《中國歷史地圖集》第二冊北地、上、西河郡西北部〔註3〕

其實這個新畫法，源自楊守敬《歷代輿地圖》（以下簡稱《楊圖》），《楊圖》的匈奴深入地區比《譚圖》更大，今白於山以北的靖邊縣，也被《楊圖》畫在「蠻夷中」地區。〔註4〕《譚圖》把上郡奢延縣城，標在今陝西靖邊縣和

〔註1〕譚其驤主編《中國歷史地圖集》第二冊，中華地圖學社，1975 年，第 20 頁。
〔註2〕譚其驤主編《中國歷史地圖集》第二冊，中國地圖出版社，1982 年，第 17 頁。
〔註3〕本圖來自譚其驤主編《中國歷史地圖集》第二冊，第 17～18 頁。
〔註4〕楊守敬：《歷代輿地沿革圖》第二冊，臺北：聯經出版事業公司，1981 年。

內蒙古烏審旗境內，又把上郡北部都尉所治的高望縣，從今陝西榆林市之北移到今烏審旗西北部，所以《譚圖》上郡邊界比《楊圖》向西北推進。《譚圖》還把匈奴深入漢地的這一片地區，畫為兩種顏色，以示審慎。《楊圖》的定點沒有依照考古發現，《譚圖》修正了這一點。

王文楚先生有專文，考證西漢西河、上郡、北地三郡邊塞，把《楊圖》的示意性定點考實：西河郡增山縣城，即東勝縣西北 35 公里的城梁村古城，也即西河郡北部都尉治。虎猛縣城，即今伊金霍洛旗西南的紅慶河古城，也即西部都尉治。大成縣城，即今杭錦旗東南的古城梁，南部都尉所治的翁龍、埤是二障約在今伊金霍洛旗西南。上郡高望縣城，即今烏審旗昂拜淖西北 5 公里紇紇淖古城。上郡匈歸都尉所治的匈歸障，約在今烏審旗西南。北地郡渾懷都尉所治的塞外渾懷障，據《水經注》在今陶樂縣西南的黃河東岸。北地郡歸德縣：「洛水出北蠻夷。」鬱郅縣：「泥水出北蠻夷中」，則洛水（北洛河）、泥水（馬蓮河）源頭地區，即今吳旗縣西北是塞外。〔註5〕

今按王文最大的問題是把翁龍埤緊貼在大成縣城，顯然不合理。所用考古材料，也多有可商之處，由此導致定點很不準確。根據最新的資料，杭錦旗東南的古城梁古城，比其南部的吉爾廟、其西北的霍洛柴登兩個古城都要小，顯然不應當大成之名，大成即大城縣，《後漢書》有大城塞，但是王文不提這兩個更大的古城。王先生所說的東勝縣西北 35 公里的城梁村，不見於《中國文物地圖集》，此地定為增山縣沒有任何明證，四周的漢代古城還有很多。增山、虎猛的定點，都缺乏依據。

王文和《譚圖》定點所說吻合，圖上的修都縣城，似乎就是霍洛柴登古城的位置，但是修都縣屬朔方郡，不知為何定在此處。或許是把《漢書·地理志》修都縣上一句的朔方縣南的金連鹽池、青鹽池，誤以為在修都縣之下。

史念海先生撰文認為，西漢中期以後的西北邊界在黃河西北。他的理由是，武帝天漢二年（前 99 年）、徵和三年（前 90 年）、宣帝本始二年（前 72 年），北征匈奴都從西河郡出兵，說明西河郡邊疆鄰近匈奴。漢設眩雷塞，在黃河之西。王莽天鳳元年（14 年），匈奴派人到西河郡虎猛縣制虜塞下，說明虎猛縣在黃河岸邊。東漢光武建武二十三年（47 年），匈奴右薁鞬日逐王想內

〔註5〕 王文楚：《西漢西河、上郡、北地三郡邊塞考》，《文史》第 21 輯，北京：中華書局，1983 年，第 253～257 頁。收入王文楚：《古代交通地理叢考》，第 332～338 頁。

附於西河郡。匈歸、翁龍、埤是障在今杭錦旗、烏審旗，渾懷障在陶樂，渾懷、翁龍、埤是在塞外，是指在秦昭王長城之外，但都屬於漢朝。〔註6〕此說合理，西漢末年的邊界不可能還在黃河東南。

其實，除了史先生所說的武帝、宣帝從西河郡出兵，《漢書》卷九九中《王莽傳中》說他下令討伐匈奴：

> 遣五威將軍苗欣、虎賁將軍王況出五原，厭難將軍陳欽、震狄將軍王巡出雲中，振武將軍王嘉、平狄將軍王萌出代郡，相威將軍李棽、鎮遠將軍李翁出西河，誅貉將軍陽俊、討穢將軍嚴尤出漁陽，奮武將軍王駿、定胡將軍王晏出張掖。

此處也有西河郡，說明西河郡的北邊直接靠近匈奴，說明西河郡在西漢末年不是凹陷在內地，而是突出的邊關的郡。而且這其中，有五原、雲中、代、漁陽，而無朔方、定襄、雁門。王莽的布局錯落有致，五原、雲中向東的定襄、雁門不出兵，再向東的兩個郡出兵。同樣，五原、雲中西部的朔方不出兵，再向西的西河郡出兵，這就證明了西河郡的西北角在朔方郡之西。

李新峰先生認同史先生的主要觀點，但是他認為渾懷障不在陶樂，而在桌子山，因為酈道元說渾懷障在北地之北三百里。〔註7〕

李文沒有利用考古成果，也沒有繪製地圖，所以模糊地認為西河郡的三個都尉都在黃河附近。至於渾懷障的新觀點，其實不對，因為桌子山到富平縣早已超過三百里，前人是看到酈道元的三百里，才量出在今陶樂縣。

可見這個問題，實在值得再做研究，必須依據最新的考古成果，還要能符合文獻記載，還要能解釋北部、西部、南部都尉的方位差異。

張文平先生提出，霍洛柴登古城 2014 年發現了新莽時期的鑄幣作坊遺址，出土有大泉五十、小泉直一、貨泉等本地鑄造的錢幣，與新莽時期「遣諫大夫五十人分鑄錢於郡國」的幣制改革政策相符合，從而鑿實了該古城為富昌縣的推斷。霍洛柴登古城西北約 16 公里的西漢敖楞布拉格古城，平面略呈方形，邊長約 530 米，城內西北角有東西長 120 米、南北長 170 米的子城，是西河郡增山縣兼北部都尉治所。從敖楞布拉格古城一直向西，穿越庫布齊沙漠，過北流黃河，進入烏蘭布和沙漠。在烏蘭布和沙漠之中，依託於大致

〔註6〕 史念海：《新秦中考》，《中國歷史地理論叢》1987 年第 1 期。收入史念海：《河山集》第五集，山西人民出版社，1991 年。

〔註7〕 李新峰：《西漢西河郡西北邊境考》，《文史》第 73 輯，北京：中華書局，2005 年，第 15～24 頁。

呈南北走向的哈魯乃山，有一道漢代的列隧。狼山南端、哈魯乃山北端，有一條通道，有烏蘭布拉格障城，位於阿拉善左旗敖倫布拉格鎮西北 11 公里，障牆採用大塊片狀石材錯縫堆砌，平面呈長方形，南北長 31.5 米，東西寬 24 米，南牆中部設門。門外相連南北長 26 米、東西寬 24 米的臺基式院落，是西河郡北部都尉眩雷塞侯官治所。今烏海市海勃灣區千里山鎮王元地村內，有蘭城子，東西長 307 米，南北寬 294 米，是廣田縣城。〔註8〕

此說的最大問題是，漢代西河郡治所在的富昌縣城，〔註9〕酈道元《水經注》明確說在湳水下游，在今陝西省府谷縣北，則富昌縣城不是霍洛柴登城。他考訂的北部都尉距離霍洛柴登城僅有十幾里，北部都尉不可能距離郡治如此之近。西河郡的東南接近山西太原，在山西、陝西境內還有很多縣城，因此郡治富昌縣城不可能偏到杭錦旗境內。酈道元所說的富昌縣城比較合理，正好在今山西、陝西和內蒙古之間。

不過此文提出的思路很有道理，特別是哈魯乃山的烏蘭布拉格障城、烏海的藍城子，值得我們關注，我認為烏蘭布拉格障城確實是眩雷塞。

二、伊克昭盟的漢代古城等級

西河郡西部在今伊克昭盟境內，但是《漢書‧地理志》記載的西河郡諸縣，有 16 個無法定位，是漢代失考縣最多的郡。

另一方面，考古學者又發現很多漢代古城，無法確定其名稱。今按《中國文物地圖集》的內蒙古自治區分冊，標出伊克昭盟的 26 個漢代城址。〔註10〕

我把這些五城分為大小五級：

最大一級，面積 100 萬平米以上，標為 ★

第二級，面積 15 萬平米以上，標為 ▲

第三級，面積 5 萬平米以上，標為 ◎

〔註8〕 張文平：《西漢眩雷塞小考》，中國人民大學北方民族考古研究所、中國人民大學歷史學院考古文博系編：《北方民族考古》第 2 輯，科學出版社，2015 年，第 191～197 頁。

〔註9〕 富昌是《漢書‧地理志》西河郡首縣，理應是郡治所在。今有人據《後漢書》卷六《順帝紀》李賢注「西河本理平定縣，永和五年徙離石」認為西河郡原治平定縣，我以為不確，因為平定或是在兩漢之際戰亂中成為郡治。

〔註10〕 國家文物局主編《中國文物地圖集‧內蒙古自治區分冊》，上冊第 256～265 頁，下冊第 572～614 頁。有的行政區劃已經更改，仍然按照原書。烏海市新地鄉，已經改名千里山鎮。

第四級，面積 1 萬平米以上，標爲◇，

最小一級，不足萬 1 萬平米，標爲▽

參見下表：

市旗縣	方位	鄉鎮、蘇木	村、嘎查	古城	面積（南北乘東西，單位：米）
東勝市	西	漫賴	鄉駐地	寨子梁◇	180*160
		漫賴	莫日古慶	莫日古慶◎	150*300
	西南	罕臺廟	元紇旦	元紇旦◇	120*120，殘
達拉特旗	東南	鹽店	哈勒正壕	哈勒正壕▲	520*500
	西北	昭君墳	城拐子	城拐子	殘
杭錦旗	西	浩繞柴達木	蘇木駐地	霍洛柴登★	1100*1446
			敖楞布拉格	敖楞布拉格▲	500*530
	西北	伊和烏素	林場	摩仁河▽	80*100
	西南	勝利	札日格治沙站	吉爾廟★	1350*1350
			古城梁	古城梁▲	450*400
烏審旗	西北	嘎魯圖	敖柏淖爾	敖柏淖爾▲	510*300
鄂托克旗	東北	巴音淖爾	哈達圖	水泉★	1000*1000
		木凱淖爾	木開淖爾	木開淖爾▽	120*80
	西南	包樂浩曉	敖倫淖爾	敖倫淖爾▽	90*90
鄂托克前旗	北	毛蓋圖	呼和淖	呼和淖◎	200*100
	西南	城川	大場子	大場子◎	200*300
伊金霍洛旗	西	納林希里	烏蘭敖包	奧蘭敖包▽	57*54
	南	阿勒騰席熱	車家渠	白土縣◎	230*230
	中	紅慶河	鄉駐地	紅慶河★	三重，殘
	東南	新街	黃陶勒蓋	黃陶勒蓋◇	170*170
準格爾旗	東北	大路	鄉駐地	城壕◇	100*100
	西	納林	鄉駐地.	美稷縣▲	410*360
	西	暖水	榆樹壕	榆樹壕▲	500*400
	南	沙紇堵	佛爺廟	城紇梁◇	120*100
	西南	烏日圖高勒	川掌	廣衍縣	殘
	北	十二連城	十二連城	十二連城	不明
烏海市	北	新地	烏海北站西南	蘭城子▲	500*300

其中：白土縣屬上郡，達拉特旗的城拐子城址在黃河南岸，爲五原郡河陰縣治，鄂托克前旗的大場子城址接近陝西界，應即奢延縣治。準格爾旗北部兩城在黃河南岸，爲五原郡武都縣、雲中郡沙南縣。王文所說的烏審旗紇紇淖古城即今呼和淖爾城址，《中國文物地圖集》定爲西夏時期，王文所說的昂拜淖（即今敖柏淖爾）旁邊倒是有敖柏淖爾城址，可能是上郡望松縣治。

除去這 6 個城，還有 20 個城，其中杭錦旗的摩仁河、鄂托克旗的敖倫淖爾、木凱淖爾、伊金霍洛旗的烏蘭敖包，這四個城址太小，不可能是縣城，應是障塞。前兩個小城在今伊金霍洛旗西北、鄂托克旗西南，正是在西河郡西北部，理應設置障塞。還有 16 個城址，西河郡失考的 16 個縣，或許有一些在其中。

古代文獻所說的西河郡縣城舊址不僅數量少，而且定點很模糊，我們今天發現的同一區域城址在數量大大超過了文獻所說的幾箇舊址，也更爲密集。總之，漢代西河郡的縣城，應該遍佈鄂爾多斯。西漢西河郡的西北邊界，無疑到達黃河，而不可能退縮到鄂爾多斯中部。

三、城市的大小和位置關係

霍洛柴登城址是伊克昭盟第二大的漢代城址，城牆夯築，基寬 13 米，殘高 0.5～2 米。城內中部有一條東西向的街道，寬約 50 米。西側中部有大型建築臺基，其東北有鑄錢遺址。城內文化層厚約 0.8 米，採集有繩文筒瓦、繩文和凹弦紋板瓦、菱形紋方磚、「千秋萬歲」瓦當等。城東、南、西三面分佈有較大規模的墓葬，城內出土有「西河農令」銅印。

此城西北不遠，就是敖楞布拉格城址，邊長約是霍洛柴登城的一半，應是一個縣城。再西北三倍的距離是摩仁河城址，邊長是敖楞布拉格城址五分之一，這是一個小障塞。

霍洛柴登東南部有古城梁城址、吉爾廟城址，吉爾廟很大，比霍洛柴登還大一些，古城梁僅有其四分之一不到。霍洛柴登的東部，靠近東勝市西部的兩個古城，都在桃日木海子的東部。

桃日木海子的西南部，有伊金霍洛旗西北部的大成梁漢代遺址，從地名來看，可能也是一個漢代城址，再往南是很小的烏蘭敖包城址。但是其東南的紅慶河城址較大，有三重，外城已經不存，內城西牆呈土壟狀，子城長 136 米，寬 130 米。內城北側約 1000 平方米範圍內有厚約 1 米的獸骨。

古城梁、烏蘭敖包兩個小城的作用是連接霍洛柴登、紅慶河、吉爾廟三個大城。因爲霍洛柴登的西北有兩個城，東南有四個城，北部無城，南部有一個水泉城，所以其主要街道是東西向。

鄂托克旗的水泉城址也是一個大城，比霍洛柴登、吉爾廟兩城稍小。水泉城址的地勢也比較高，和吉爾廟城差不多。一直到了烏海市北部的黃河東岸，才有一個小城叫蘭城子。蘭城子長約 500 米，寬約 300 米，城牆夯築，殘高 0.3～2.2 米。蘭城子周圍有墓群，烏海市南部的黃河岸邊還有兩個墓群。〔註11〕

我們可以發現，每一個大城的西北，都有一個稍小的城：

1. 霍洛柴登大城的西北，有敖楞布拉格小城。
2. 吉爾廟大城的西北，有古城梁小城。
3. 紅慶河大城的西北，有大城梁小城，還有烏蘭敖包障塞。
4. 水泉城的西北，有蘭城子小城。

這些稍小的城，也是縣城，不是障塞。蘭城子雖然隔絕在桌子山以西，遠離城市群，但是西河郡第二等城市規模，還是一個較大的縣城。

這種大小城相間的格局，不知是人爲規劃，還是自然形成。如果是人爲規劃，不知是出於防衛需要，在大城的西北設小城守衛。還是爲了均勻分佈人口，防止人口過於集中。

四、增山、廣田、眩雷、虎猛、翁龍埤是的考古對應

我認爲，阿拉善左旗東北部的烏蘭布拉格障（敖倫布拉格障），正如張文平先生所說，確實很有可能是眩雷塞，因爲地處山谷，正是所謂的塞。障、塞不同，障是屏障，原義是在平地，而塞是堵塞山谷，原義是在山間。這個障城東面是磴口縣，北面是狼山，正是在黃河通往居延海的要衝。眩雷的讀音接近賀蘭，上古音的眩是 huan，雷是 lai，此地正接近賀蘭山。

既然眩雷塞在此，則增山縣應在其東南。增山縣的地位非常高，馬援的哥哥馬員曾任增山連率，《後漢書》卷二四《馬援傳》：

> 援三兄況、余、員，並有才能，王莽時皆爲二千石……及莽敗，
> 援兄員時爲增山連率，與援俱去郡，復避地涼州。

〔註11〕國家文物局主編《中國文物地圖集‧內蒙古自治區分冊》，上冊第 134～135 頁，下冊第 75 頁。

連率是郡級高級將官，《漢書》卷九九中《王莽傳中》：「莽以《周官》、《王制》之文，置卒正、連率、大尹，職如太守。」《馬援傳》唐代李賢注：「莽改上郡爲增山。」《水經注》卷三《河水》上郡說：「王莽以漢馬員爲增山連率，歸世祖，以爲上郡太守。司馬彪曰：增山者，上郡之別名也。」周壽昌《漢書注校補》，認爲凡是王莽改郡縣之名，《漢書》、《水經注》都有說明，而不提上郡改名增山，所以很可能是分西河郡爲增山郡。譚其驤認爲，馬員歸劉秀，爲上郡太守，則上郡別名增山，不是改名。〔註12〕我認爲周壽昌說是，因爲增山連率是正式官名，不是別名。司馬彪是西晉人，但是他的這句話不見於《續漢書・郡國志》。很可能是唐代人之誤，他們看見馬援爲上郡太守，誤以爲增山是上郡別名。增山已經是漢縣，遠離上郡，上郡不太可能改名增山。而增山在西河郡西北部，很可能分立一郡。總之，增山縣城應是一個很大的城，而且是邊塞。因爲其西通往塞外，再西是涼州，所以馬援等人從增山縣，西奔涼州。

所以增山縣城，不是霍洛柴登城，就是蘭城子。霍洛柴登更大，但是蘭城子鄰近桌子山，似乎更符合增山之名，難以確定。

而廣田縣的位置也很難確定，蘭城子靠近黃河，有水利之便，但是霍洛柴登城出土了「西河農令」銅印，而且更大，等級更高。

蘭城子附近的漢墓群，面積約 7.5 萬平方米，有排列有序的墓葬近千座。出土有博山爐、五銖錢、半兩錢、銅鏡等，集中在西漢時期。據最新研究，蘭城子附近墓葬，最早在漢武帝時代，〔註13〕說明是漢武帝時修建。

綜合來看，增山縣更有可能在蘭城子，因爲桌子山是鄂爾多斯高原罕見的高山，主峰 2149 米，非常突出，所以可能是增山縣名由來。增山縣因爲在邊塞，聯結寧夏和河套，非常重要，所以王莽設連率。

廣田縣城可能是霍洛柴登古城，至於《史記・匈奴傳》說北益廣田至眩雷爲塞，這一段是綜合追溯，用語模糊，未必表明眩雷塞在廣田縣的正北。

南部都尉所在的翁龍埠是，既然是在塞外，很可能是一個障。翁龍疑即突厥語的大 ulug，埠是疑即突厥語的虎 bars，翁龍埠是疑即大老虎。《漢書・

〔註12〕譚其驤：《新莽職方考》，《長水集》上冊，第 80 頁。

〔註13〕王曉琨：《內蒙古中南部地區秦代城址及相關問題》，中國人民大學北方民族考古研究所、中國人民大學歷史學院考古文博系編：《北方民族考古》第 2 輯，科學出版社，2015 年，第 167 頁。

地理志下》北地郡廉縣：「卑移山在西北。」卑移山是今賀蘭山，卑移也即突厥語的虎 bars，現在賀蘭山岩畫確實有虎。

翁龍埠是障，很可能是敖倫淖城，在鄂托克旗西南，正是在西河郡的西部的西南部，符合南部都尉的位置。此城西部到黃河很荒涼，所以在此設障。敖倫淖城很小，正是一個障城。

而水泉城址，很可能是西部都尉所在的虎猛縣。水泉城是最大的三個城之一，符合縣城的地位。虎猛，顧名思義，老虎很多，所以水源充足。水泉，顧名思義，水草豐美。鄂托克旗的東北部，湖泊最多。水泉城，在巴音淖爾鄉。巴音就是巴彥，指富饒。此處在西河郡的霍洛柴登、吉爾廟等城市群的西部，再西部則人煙稀少，所以是西部都尉所在。

老虎兒猛，說明本地人口很多，侵犯了老虎原有的空間。宋代蔡絛《鐵圍山叢談》卷六說：「吾以靖康歲丙午遷博白，時虎未始傷人，村落間獨竊人家羊豕……十年之後，北方流寓者日益眾，風聲日益變，加百物湧貴，而虎浸傷人。今則與內地勿殊，啖人略不遺毛髮。」

水泉城，靠近鄂爾多斯高原中部的漢代城市群，人口密集。其南的鳳凰山墓群，面積五千平米，有漢代壁畫墓。鄂托克旗東部，還有很多漢代的漢人墓群，說明這裡人口較多。

五、大城是吉爾廟古城

我認為大城縣城，很可能是杭錦旗東南角的吉爾廟古城，因為這個城最大，而且位於鄂爾多斯市中部，也是漢代城市群的核心，吉爾廟古城的北部是古城梁古城，西南是木凱淖爾古城，東北是烏蘭敖包古城。北部有三個漢代墓群，說明漢代人口很多。雖然《漢書》寫成大成，但是《後漢書》稱為大城。東漢大城縣劃歸朔方郡，而增山、虎猛、廣田等縣都裁撤，也說明大城縣是在增山、虎猛、廣田等縣的東南角。

大城有塞，《後漢書·南匈奴列傳》說永元六年，南單于遣子與鄧鴻等追擊叛胡所立單于逢侯於大城塞，逢侯遂率眾出塞，漢兵不能追。說明大城塞靠近邊疆，但這是東漢的情況，不是西漢的情況。而且大城塞不等於大城縣城，《譚圖》東漢部分，大城塞緊鄰大城縣城，因為史料不足，也不能確定。

六、北地郡渾懷障、上郡匈歸障的位置

《漢書‧地理志》北地郡富平縣：「北部都尉，治神泉障。渾懷都尉，治塞外渾懷障。」《譚圖》標富平縣在今吳忠市西南，標廉縣在今銀川市區西北，靈武縣在今賀蘭縣西北。今寧夏北部的石嘴山市及平羅、惠農二縣沒有漢縣，已經在漢代的塞外。

富平故城，在今吳忠市扁擔溝鎮扁擔溝村。〔註14〕廉縣城，有人認為在今平羅縣崇崗鎮暖泉村，〔註15〕但是此地應是靈武縣城，廉縣城應在今銀川附近，有待發現。平羅縣陶樂鎮附近有漢代黃土梁墓群、林場墓群，〔註16〕渾懷障應在附近。靈武市寧東鎮磁窯堡的李新莊遺址，面積 5 萬平米，是這一帶最大的漢代遺址，〔註17〕地處交通要道，現在還在公路、鐵路旁，又在一片高山之南，可能是匈歸障，但是也不能確定。

今鄂托克前旗的呼和淖城址很小，南北200米，東西100米，應是一障。離富平縣很遠，不屬北地郡，或是上郡北部都尉匈歸障。東南不遠就是上郡奢延縣治，直到今吳旗縣都是「葆塞蠻夷」之地。確定了北地郡、上郡的北部障城，也可以驗證西河郡的邊界在今鄂托克旗、烏海到阿拉善左旗的東部。

七、阿拉善右旗北部的障塞屬武威郡

《史記‧匈奴傳》說：「烏維單于立三年，漢已滅南越，遣故太僕賀將萬五千騎出九原二千餘里，至浮苴井而還，不見匈奴一人。漢又遣故從驃侯趙破奴萬餘騎，出令居數千里，至匈河水而還，亦不見匈奴一人。」

令居縣在今甘肅永登縣，向北數千里，是從武威郡向北，也即經過今阿拉善右旗。而《漢書‧地理志》武威郡休屠縣說：「都尉治熊水障，北部都尉治休屠城。」熊水，位置不明。

過去我們一般以為武威郡的北界在阿拉善右旗的南部，《譚圖》即如此。但是根據現在的最新考古發現，可知阿拉善右旗的北部完全是漢朝控制。因

〔註14〕 國家文物局主編《中國文物地圖集‧寧夏回族自治區分冊》，文物出版社，2010年，圖106頁、文字第289頁。
〔註15〕 國家文物局主編《中國文物地圖集‧寧夏回族自治區分冊》，圖104頁、文字第283頁。
〔註16〕 國家文物局主編《中國文物地圖集‧寧夏回族自治區分冊》，圖105頁、文字第286頁。
〔註17〕 國家文物局主編《中國文物地圖集‧寧夏回族自治區分冊》，圖98頁、文字第266頁。

為阿拉善右旗的北部有兩列很長的烽燧群，從雅布賴鎮一直延伸到蒙古國邊界。最北部有漢代的塔蘭拜興、烏蘭拜興障址，拜興是蒙古語的土房子。南部有漢代的通溝城址，邊長 33 米，也是一個障塞。中間有拜興高勒遺址，有土房 20 多間，面積 3600 平米。還有雅布賴墓群、通溝墓群，這個漢朝延伸出的控制區正是在休屠澤北部。

阿拉善右旗北部的這個控制區無疑屬於武威郡，其東部有山丘和沙漠，和西河郡的最西部交通不便，不可能屬於西河郡。值得注意的是，阿拉善右旗東北部的列燧，理應和阿拉善左旗東北部的敖倫布拉格列燧連在一起，但是今天似乎未能發現，或許未來會發現。如果兩地的列燧未能連在一起，留下很大的缺口，達不到效果，等於兩條列燧都未設立。

至於阿拉善右旗的列燧向北突出，我認為正是符合史書，《漢書‧匈奴傳下》說：「竊見匈奴斗入漢地，直張掖郡。漢三都尉居塞上，士卒數百人塞苦，候望久勞。單于宜上書獻此地，直斷關之，省兩都尉士卒數百人。」匈奴伸入到漢地的地方，直對張掖郡，正是今阿拉善右旗和額濟納旗之間的地方，漢地沿額濟納河向北延伸到居延海，又從阿拉善右旗北部的列燧突出一塊，中間的地方還是匈奴之地。過去有學者把從狼山向西到居延海的整個阿拉善都畫在漢地，這樣的畫法誇大了漢朝疆域。〔註18〕

其實還有一則重要史料，《鹽鐵論》卷四《地廣》，文學曰：

> 秦之用兵，可謂極矣，蒙恬斥境，可謂遠矣。今逾蒙恬之塞，立郡縣寇虜之地，地彌遠而民滋勞。朔方以西，長安以北，新郡之功，外城之費，不可勝計。

可見，漢朝在朔方郡以西的邊界超過了秦代，這塊在朔方郡以西的地方，就是今阿拉善列燧以內的地方。

綜上所述，西漢的西河郡的西北邊界在賀蘭山到狼山之間，北部都尉所在的眩雷塞靠近狼山，可能是今阿拉善左旗東北部的敖倫布拉格障城。桌子山西的古城是西河郡的一個縣城，可能是增山縣。鄂托克旗的水泉古城可能是西部都尉所在的虎猛縣，敖倫淖古城可能是南部都尉所在的翁龍埤是障。杭錦旗的霍洛柴登古城可能是廣田縣城，吉爾廟古城可能是大城縣城。

今伊金霍洛旗、杭錦旗、鄂托克前旗、東勝市交界處，是西漢鄂爾多斯高原中部的人口和城市密集處。這個核心地是西漢新開闢，位於秦長城和秦

〔註18〕郭沫若主編《中國史稿地圖集》，中國地圖出版社，1996 年，第 30～40 頁。

直道以東的傳統人口密集區之西。西漢西河郡、北地郡、上郡之界,接近今內蒙古、寧夏、陝西之界,僅在鄂托克前旗有所出入。省界基於自然地理界線,自然地理同樣制約古人。內蒙古降水量少於山西,寧夏之所以向北突出一塊,因為沿黃河有灌溉之利。漢朝在北地郡的移民也要依靠黃河水利和雨水務農。降雨較少的鄂爾多斯西部,漢人較少,自然成為三郡邊界。所以考證漢朝西北邊界古城的位置,不僅能解決軍事地理的問題,還能使我們思考很多自然地理、人文地理問題。

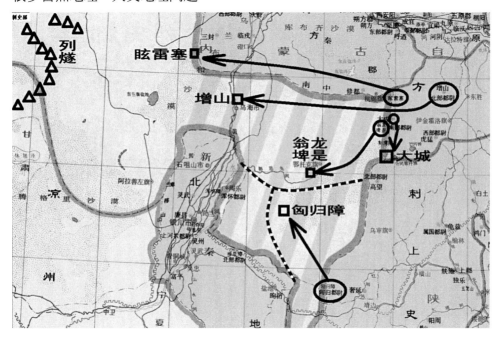

西漢西河、北地、上郡邊界地名(方框)和郡界(虛線)調整圖〔註19〕

〔註19〕底圖來自譚其驤主編《中國歷史地圖集》第二冊第17～18頁,黑體字和方框、
　　　　圓框、箭頭、虛線、三角等地名是本書添加。

鉅鹿之戰地理再考

　　鉅鹿之戰是六國諸侯滅亡秦朝的關鍵之戰，關於這場戰爭的地理，近年有人提出新說。其實本來沒有問題，但是新說出了問題，擅自把鉅鹿城南的棘原改成棘浦，移到了幾百里外，要章邯修築一條長達幾百里的甬道，不合情理，因此不能成立。

　　本文首次揭示，鉅鹿之戰真正的關鍵地點棘原，就是今雞澤縣的雞丘。棘原是章邯運糧的要衝，也是項羽重要攻打的地方。如果不把這個問題研究清楚，就不能理解鉅鹿之戰。

一、棘浦新說不能成立

《史記‧項羽本紀》：

> 　章邯已破項梁軍，則以為楚地兵不足憂，乃渡河擊趙，大破之。當此時，趙歇為王，陳餘為將，張耳為相，皆走入鉅鹿城。章邯令王離、涉間圍鉅鹿，章邯軍其南，築甬道而輸之粟。陳餘為將，將卒數萬人而軍鉅鹿之北，此所謂河北之軍也。項羽已殺卿子冠軍，威震楚國，名聞諸侯。乃遣當陽君、蒲將軍將卒二萬渡河，救鉅鹿。戰少利，陳餘復請兵。項羽乃悉引兵渡河，皆沉船，破釜甑，燒廬舍，持三日糧，以示士卒必死，無一還心。於是至則圍王離，與秦軍遇，九戰，絕其甬道，大破之，殺蘇角，虜王離。涉間不降楚，自燒殺……章邯軍棘原，項羽軍漳南，相持未戰。秦軍數卻，二世使人讓章邯。

《史記‧張耳陳餘列傳》：

　　章邯引兵至邯鄲，皆徙其民河內，夷其城郭。張耳與趙王歇走
入鉅鹿城，王離圍之。陳餘北收常山兵，得數萬人，軍鉅鹿北。章
邯軍鉅鹿南棘原，築甬道屬河，餉王離。王離兵食多，急攻鉅鹿。
鉅鹿城中食盡兵少，張耳數使人召前陳餘，陳餘自度兵少，不敵秦，
不敢前……乃使五千人令張黶、陳澤先嘗秦軍，至皆沒。當是時，
燕、齊、楚聞趙急，皆來救。張敖亦北收代兵，得萬餘人，來，皆
壁餘旁，未敢擊秦。項羽兵數絕章邯甬道，王離軍乏食，項羽悉引
兵渡河，遂破章邯。章邯引兵解，諸侯軍乃敢擊圍鉅鹿秦軍，遂虜
王離。涉間自殺。

《項羽本紀》說項羽渡河，《正義》說是漳水。棘原，《集解》引張晏曰：「在
漳南。」引晉灼曰：「地名，在鉅鹿南。」鉅鹿南，出自《張耳陳餘傳》。

　　今人忽然提出一個新解，說棘原不在鉅鹿之南，理由是章邯如果在鉅鹿
之南不遠的棘原，應該和王離合為一軍，不應坐視王離被殲。如果棘原在鉅
鹿之南，項羽應該乘勝向南，攻打棘原，不應繞道漳河南岸。他又提出棘原是
《史記・趙世家》、《傅靳蒯成列傳》的棘蒲，在安陽之東，東臨黃河。〔註1〕

　　我以為這個新說不能成立，首先是擅自竄改史書原文，原、蒲字形不近，
高下懸殊，意義相反。棘原是高地，棘蒲是低地，不能混淆。

　　其次是棘蒲距離鉅鹿城太遠，章邯要修築一條長達幾百里的甬道，顯然
不太可能。《淮南子・本經》：「修為牆垣，甬道相連。」《史記・高祖本紀》：
「漢王軍滎陽南，築甬道。」《正義》引韋昭云：「起土築牆，中間為道。」
引應劭云：「恐敵抄輜重，故築垣牆如街巷。」章邯在非常緊急的情況下，能
修築幾百里的甬道嗎？實在是出自今人紙上談兵！甬道越長，危險越大，因
為戰線太長，很容易被切斷。運糧的甬道很窄，容易被切斷。

　　如果真有這樣長達幾百里的甬道，自然不可能全由軍隊修築，必須動員
民工，但是章邯的部隊連籌糧都成了問題，又怎能動員趙國的百姓呢？可見
此說存在嚴重的問題。

　　章邯和王離的軍隊，最大的問題是吃飯問題。兵馬未動，糧草先行，大
戰役的關鍵是糧食。淮海戰役，中共軍隊取勝的關鍵是有充足的軍糧供應，
陳毅說勝利是人民群眾用小車推出來的。據研究，江蘇、山東、安徽、河南
四省共出動民工500多萬人，運送到前線的糧食4億多斤。

〔註1〕辛德勇：《歷史的空間與空間的歷史》，第81～83頁。

　　鉅鹿之戰發生時，秦朝的天下早已土崩瓦解，六國百姓紛紛起來，反抗秦朝統治。在這種情況下，秦軍最大的問題是不能從戰場附近取得充足的糧食。趙國的百姓被秦軍壓榨多年，對秦軍恨之入骨，趙國早已獨立，百姓嘗到了翻身的喜悅。面對反撲的秦軍，已經獨立的趙國百姓會提供充足的軍糧給秦軍嗎？章邯在鉅鹿之戰前，把邯鄲所有百姓遷到靠近秦地的河內，平毀邯鄲城，正是害怕趙國的百姓起來反秦。不過這不能解決根本問題，趙國的鄉村百姓雖然不敢起來主動抗擊章邯，也不可能主動為秦軍提供充足的糧食。

　　河北平原上古是黃河散流之地，所以良田不多，《史記・貨殖列傳》說：「中山地薄人眾，猶有沙丘紂淫地餘民，民俗懁急，仰機利而食。丈夫相聚遊戲，悲歌慷慨，起則相隨椎剽，休則掘冢作巧奸冶。」《鹽鐵論》卷一《通有》：「趙、中山帶大河，纂四通神衢，當天下之蹊，商賈錯於路，諸侯交於道。然民淫好末，侈靡而不務本，田疇不修，男女矜飾，家無斗筲，鳴琴在室。是以楚、趙之民，均貧而寡富。」趙地交通便利，民多經商而不務農。所以本地糧產很少，依靠錢財購買外地糧食。

　　我們不應忘記，鉅鹿縣的巨橋在商代就是著名的糧倉，《史記・殷本紀》說商代末代紂王：「厚賦稅以實鹿臺之錢，而盈鉅橋之粟。益收狗馬奇物，充仞宮室。益廣沙丘苑臺……大冣樂戲於沙丘。」《集解》引服虔曰：「巨橋，倉名。」許慎曰：「鉅鹿水之大橋也，有漕粟。」《漢書・地理志》鉅鹿郡鉅鹿縣：「紂所作沙丘臺在東北七十里。」《正義》引《括地志》：「沙丘臺在邢州平鄉縣東北二十里。」許慎說鉅鹿縣的巨橋倉儲藏漕運來的糧食，說明這裡歷史上一直有儲存漕糧的傳統，所以章邯認為有此優勢，可以決戰。

　　秦軍必須從遙遠的中原運糧，所以章邯的軍隊豈能和王離合為一軍？章邯必須駐守在鉅鹿之南的棘原，保障軍糧供應，否則全軍覆沒。棘原是高地，居高臨下，才能保衛糧道。

　　即使王離被圍殲，章邯也不能去救，因為一旦離開棘原，糧道切斷，章邯也是死路一條。這就和諸侯援軍不敢進入鉅鹿城是一個道理，古今中外很多戰爭都是如此，很多救援的兵團不敢冒進，否則非但不能救援，還把自己搭進去，損失更大。

　　項羽九戰，斷絕了秦軍的運糧甬道，才打敗了秦軍，說明運糧甬道最為重要。章邯必須要守住甬道，不可能輕易和王離合軍。

二、棘原即雞澤縣的雞丘

古代的鉅鹿縣城，在今平鄉縣西南的平鄉鎮，〔註2〕也即平鄉縣舊治，1945年平鄉縣城才移到今天的豐州鎮。《太平寰宇記》卷五九邢州平鄉縣說：「本秦鉅鹿郡也……後魏景明中，移縣於舊城東三十里，後自平鄉故城移平鄉以理之，至今不改。」說明秦鉅鹿城，即今平鄉鎮。

北齊魏收《魏書》卷一百六上《地形志上》殷州南趙郡平鄉縣說：「晉屬，後罷。景明二年復，治鉅鹿城。有平鄉城。」又有鉅鹿縣說：「二漢、晉屬鉅鹿，後屬。」〔註3〕證明確實是北魏景明二年（502年），平鄉縣城移到了鉅鹿縣城，原鉅鹿縣城東移了三十里。

要解釋鉅鹿之戰的地理，必須要依靠酈道元《水經注》。從楊守敬畫的《水經注圖》，就可以清楚地看出，漳水在古鉅鹿城的東南，也即今河北省肥鄉縣到曲周縣，是向東北流。〔註4〕所以項羽在漳水南岸，指的是在今曲周縣東部的漳河故道之南。

鉅鹿城的東南，有雞澤、澄湖等湖泊，《水經注》卷十《濁漳水》說：「一水東為澤渚，曲梁縣之雞澤也。《國語》所謂雞丘矣，東北通澄湖……又東逕肥鄉縣故城北。《竹書紀年》曰：梁惠成王八年，伐邯鄲取肥者也。《晉書地道記》曰：太康中立，以隸廣平也。渠道交徑，互相纏縻，與白渠同歸，逕列人，右會漳津，今無水。」

章邯駐守的棘原，在鉅鹿城南。今曲周縣，據《漢書·地理志》是武帝建元四年置，但是漢高祖六年已封酈商為曲周侯，總之，此前曲周不是縣，鉅鹿縣東南直通漳河。

古鉅鹿縣南的棘原是高地，在今雞澤縣東部。《春秋》魯襄公三年：「六月，公會單子、晉侯、宋公、衛侯、鄭伯、莒子、邾子、齊世子光。己未，同盟於雞澤。」杜預注：「雞澤，在廣平曲梁縣西南。」《國語·晉語七》：「四年，諸侯會於雞丘。」注：「雞丘，雞澤也，在魯襄三年。」雞丘是雞澤中的高地。今雞澤縣東部有舊城營村，是雞澤縣舊城。乾隆《雞澤縣志》卷七《古蹟》：「會盟臺，在縣東十五里舊城營，春秋諸侯同盟於此……廣平舊城，在

〔註2〕國家文物局主編《中國文物地圖集·河北分冊》，文物出版社，2013年，上冊第393頁，下冊第747頁。
〔註3〕〔北齊〕魏收：《魏書》，北京：中華書局，1974年，第2471～2472頁。
〔註4〕〔清〕楊守敬等編繪：《水經注圖》，第245頁。

縣東十五里，即今舊城營，隋改爲雞澤。」〔註5〕

我認爲，雞丘就是棘原，因爲讀音非常接近，位置完全吻合。上古音的雞是見母支部 ke，棘是見母職部 kiək，讀音接近。雞丘的位置正是在鉅鹿城南約 10 千米，而且是南偏東，恰好在鉅鹿城和漳河之間。

章邯通過漳河，運糧到今曲周縣，上岸進入甬道，節省時間。但是這一帶河湖很多，容易被敵人利用地形優勢截斷糧道，所以章邯必須佔據高地。

章邯運糧利用漳河，他的手下掌握了漳河沿線，或者還有水軍，所以鉅鹿之戰失敗。章邯能夠撤退到洹水，也正是因此，項羽趁鉅鹿之戰大勝的餘威，堵住章邯。所以項羽從鉅鹿戰場出來，就先迂迴到漳河南岸，這是戰場上常見的戰術，實在是不足爲奇。

三、汙水之戰的經過

鉅鹿之戰後，章邯率軍南撤，發生了汙水之戰，《項羽本紀》說：「項羽使蒲將軍日夜引兵度三戶，軍漳南，與秦戰，再破之。項羽悉引兵擊秦軍汙水上，大破之。」

三戶，《集解》引服虔曰：「漳水津也。」孟康曰：「津峽名也，在鄴西三十里。」張晏曰：「三戶，地名，在梁淇西南。」《索隱》引《水經注》：「漳水東經三戶峽，爲三戶津。」又說：「淇當爲湛，案晉《八王故事》云：王濬伐鄴，前至梁湛。蓋梁湛在鄴西四十里。孟康云，在鄴西三十里。又闞駰《十三州志》云，鄴北五十里梁期，故縣也，字有不同。」

汙水，《集解》引徐廣曰：「在鄴西。」根據《水經注》的記載，這個汙水在今天河北省磁縣的南部，在漳河出太行山的山口之北。

有人認爲這裡的汙水是污水的誤寫，污水又是洹水的通假。理由是很小，章邯不可能帶大軍到如此狹小的地方決戰。〔註6〕

其實這個簡單的解釋不能成立，因爲前面還有一個地名三戶峽。試想，如果章邯在蒲將軍渡過三戶峽之前，就已經不在汙水，而南下到了洹水，那麼蒲將軍還有必要從三戶峽渡過漳水嗎？他直接從平原上渡過漳水不就行了嗎？如果章邯在蒲將軍渡過三戶峽後，才從汙水南下到洹水，也絕不可能。

〔註5〕 〔清〕王錦林纂修：《雞澤縣志》，《中國方志叢書》華北地方第 182 號，成文出版社，1969 年，第 102 頁。

〔註6〕 辛德勇：《歷史的空間與空間的歷史》，第 86～87 頁。

　　三戶峽是漳河出太行山的口門，所以項羽派軍出兵此處，章邯自然非常震驚！因為章邯的任務是阻止六國軍隊進入關中，如果項羽通過三戶峽，到了山西，不就是出奇制勝，進入關西？

　　所以項羽派出的三戶峽部隊，足以吸引章邯前來會戰。章邯不是主動在汙水會戰，他是迫不得已。蒲將軍已經在上游佔有上風，章邯輕易前來，陣腳大亂，軍心不穩。上有蒲將軍，下有項羽主力，自然要被夾攻大敗。

　　這才是戰爭的真相，也是項羽的高明之處。如果章邯據守洹水，項羽豈能取勝？項羽沒有迎面撞擊章邯，而是在附近險要處吸引章邯放棄陣地，那個地方就是三戶峽。章邯又要防止項羽南下，又要防止項羽西進，首尾難以兼顧，自然要失敗。

　　其實還有一個證據表明項羽和章邯一定是在汙水打仗，因為《項羽本紀》說項羽分封諸侯：

> 申陽者，張耳嬖臣也，先下河南，迎楚河上，故立申陽為河南
> 王，都雒陽。韓王成因故都，都陽翟。趙將司馬卬定河內，數有功，
> 故立卬為殷王，王河內，都朝歌。

申陽比項羽還早一步到了河南，迎接項羽！為何申陽能早一步到河南？就是因為項羽吸引章邯的大軍向西到太行山前的汙水大戰，所以趙軍自然長驅直入，通過洹水，到達河南。

四、其他問題

　　另外，《項羽本紀》的河北之軍，有人說：「指聚集在鉅鹿城內外的所有秦及趙國軍隊。」〔註7〕顯然不對，因為前一句說的是陳餘，而且下文說：

> 沛公旦日從百餘騎來見項王，至鴻門，謝曰：「臣與將軍戮力
> 而攻秦，將軍戰河北，臣戰河南。」

顯然，滅秦的部隊分為南北，北路是項羽指揮，稱為河北之軍，南路是劉邦指揮，稱為河南之軍。根源是因為反秦的戰爭中，唯有楚、趙兩國出力最多，張耳、陳餘受陳勝派遣，北略趙地，負責河北反秦大業，楚趙開始就是聯盟。田假逃到楚國，田角逃到趙國，田榮因此不參加項梁的聯軍，齊國擁兵自重，不以滅秦為志。燕王韓廣是趙將，韓王是項梁所立。

　　項羽渡河的地方，史書不提，但是有人提出在平原津渡河，因為齊將田

〔註7〕辛德勇：《歷史的空間與空間的歷史》，第 90 頁。

都、田安投奔項羽,所以項羽渡河靠近齊地。〔註8〕

我以爲平原津太繞道,宋義已經逗留在安陽四十六日,項羽爲救趙,火速前進,以一當十,不可能繞道平原津。項羽渡河的地方,應在館陶附近。項羽不可能因爲有兩個齊將投奔就把大軍送到齊地,他又不是救齊。齊將投奔項羽,恰好說明項羽遠離齊地。因爲田都、田安離開田榮,他們自然不可能靠近齊地。他們投奔項羽大軍的路線和時間都不確定,不可能根據這兩個齊將投奔項羽就說項羽路過齊地。

有人之所以會提出平原津渡河的看法,就是因爲他把館陶附近定爲章邯駐防的棘浦,於是他認爲項羽自然不可能在此渡河。其實棘浦之說本來不能成立,所以項羽應該在今館陶附近渡河。

五、結論

綜上所述,反秦的義軍之所以取得鉅鹿之戰的勝利,其實不僅是因爲項羽的英勇,還有很多原因。其中一個被前人忽視的原因,就是秦軍因爲暴政而得不到百姓的支持,秦軍害怕趙地百姓聯合起來,把邯鄲的百姓都南遷到河內郡去了。所以秦軍必須從趙地的南方,也即秦人控制的中原運糧。這就決定了秦軍的軍心不穩,而且章邯和王離必須分軍。章邯的甬道再堅固,也抵抗不住反秦義軍的破壞。諸侯雖然不敢主動救援鉅鹿,但是他們聯合的陣勢不小。所以項羽的勝利不是他一個人的功勞,也不是楚人的功勞。

可惜項羽或許未能認識到這一點,他征服了章邯的部隊,坑殺了二十萬秦軍,做了西楚霸王,以爲能夠掌控天下。而不知戰爭不是全憑一人之英勇,還要得到各方力量的配合。所以鉅鹿之戰的再研究,也有助於我們理解整個楚漢相爭的歷史過程。

其實我們不應忘記,秦始皇嬴政,就是死在鉅鹿縣,《秦始皇本紀》說:「七月丙寅,始皇崩於沙丘平臺。」《集解》引徐廣曰:「趙有沙丘宮,在鉅鹿,武靈王之死處。」

趙武靈王爲了滅秦,不僅發動了胡服騎射的全面改革,還化裝成使者進入秦國都城,考察作戰形勢。

趙武靈王不可能想到,他的國家最終被一個出生在趙國的秦王嬴政滅亡,而這個嬴政最終也死在沙丘。

〔註8〕辛德勇:《歷史的空間與空間的歷史》,第79頁。

　　沙丘屬於鉅鹿縣，秦失其鹿，群雄逐鹿，最關鍵的一場大戰恰好又發生了鉅鹿縣，發生了秦始皇死亡的地方，這眞是絕大的巧合。

　　我曾經在山西高平永祿村看到長平之戰的累累屍骨，在晉城博物館看到很多戰國的戈、矛、箭、弩。現在我們熟悉的是「楚雖三戶，亡秦必楚」，這句話出自《項羽本紀》，其實眞正出現這樣景象的不是楚國，而是趙國。秦國在長平（在今山西高平）戰勝趙國，坑殺了趙國軍隊四十萬人。趙國爲了反秦輸光了青壯年，這樣的深仇大恨激勵趙國人在鉅鹿堅持。我們往往看到楚人的作用，而忽視趙人的作用。看到鉅鹿的大戰，忘記邯鄲的平毀。如果沒有趙國百姓的支持，沒有趙國軍隊的堅守，鉅鹿之戰不可能打敗秦軍。我們應該從鉅鹿之戰的分析中，看到趙地的地位。

　　劉秀也是依靠河北，建立東漢。劉秀招降眞定王劉揚的關鍵性人物是鉅鹿郡的豪強劉植，幫助劉秀平定河北的耿純也是鉅鹿郡人。劉秀在邯鄲王郎、廣陽劉接夾攻時，仍能反敗爲勝，鉅鹿郡勢力起了最重要的作用。

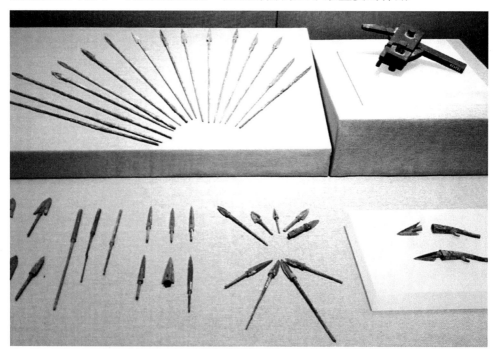

晉城博物館的戰國箭頭和弩機（周運中攝）

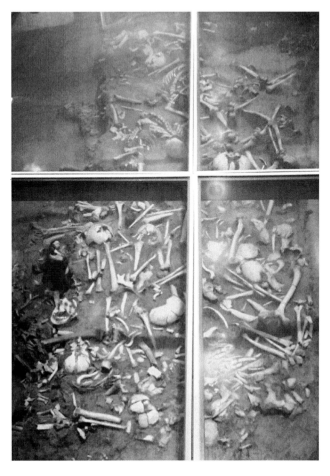

山西高平永祿村的長平之戰屍骨坑（周運中攝）

劉邦入漢中的杜、蝕中道考

在秦末戰亂中，劉邦先於項羽入關，滅亡暴秦。但是劉邦的威望和實力仍然不及項羽，所以被項羽違約封爲漢王，趕到了秦朝流放犯人的西南。

劉邦進入漢中的道路，《史記・高祖本紀》稱爲杜、蝕中道，原文說：

> 兵罷戲下，諸侯各就國。漢王之國，項王使卒三萬人從，楚與諸侯之慕從者數萬人，從杜南入蝕中。去輒燒絕棧道，以備諸侯盜兵襲之，亦示項羽無東意。

唐代張守節《正義》引韋昭：「杜，今陵邑。」又引《括地志》云：「杜陵故城在雍州萬年縣東南十五里。漢杜陵縣，宣帝陵邑也，北去宣帝陵五里。廟記云故杜伯國。」

裴駰《集解》引李奇曰：「蝕音力，在杜南。」如淳曰：「蝕，入漢中道川谷名。」

司馬貞《索隱》：「李奇音力，孟康音食。王劭按：《說文》作𨰹，器名也。地形似器，故名之。音力也。」

前人一般認爲，杜就是漢代的杜陵縣，在今西安的東南。蝕中既然在杜之南，則是子午道。

但是《史記》卷五五《留侯世家》卻說：

> 漢元年正月，沛公爲漢王，王巴、蜀。漢王賜良金百溢，珠二斗，良具以獻項伯。漢王亦因令良厚遺項伯，使請漢中地。項王乃許之，遂得漢中地。漢王之國，良送至褒中，遣良歸韓。良因說漢王曰：「王何不燒絕所過棧道，示天下無還心，以固項王意。」乃使良還。行，燒絕棧道。

此處記載，劉邦入漢中，走的是褒中道，也即今陝西漢中的褒水河谷，根本不是子午道，距離很遠。張良送劉邦，不可能一直跟隨到南鄭縣，只能是到翻越秦嶺的路口，所以此處的褒中，表明劉邦走褒中道。

黃盛璋先生認為應以《留侯世家》為準，因為其與《漢書‧張良傳》相同，而《漢書‧高帝紀》說：「從杜南入蝕中。張良辭歸韓，漢王送至褒中。」此處的褒中又能吻合，可知蝕中是誤。〔註1〕

褒中、蝕中，讀音差別很大，似乎很難彌合。近有人忽生一新解，說褒中、蝕中都是鐳中之誤，前者是讀音近似，後者是字形近似，所以劉邦是從子午道南入漢中。〔註2〕

我以為此說不確，褒是唇音，鐳是舌音，讀音根本不可能近似。而且鐳中之名，不見於任何史書，毫無根據。更何況提出這個新解的人也指出，子午道是王莽首創，《漢書》卷九九上《王莽傳上》說，元始五年（5 年）：「莽以皇后有子孫瑞，通子午道。子午道從杜陵直絕南山，徑漢中。」

還有人提出，劉邦從杜地向南，沿著秦嶺向西，再到褒中，轉而向南。此說完全是紙上談兵，根本不合情理，世界上哪有大軍要翻越秦嶺還一直沿著秦嶺走？秦嶺是高山，豈能隨便東西行走？即使是今天，在秦嶺高山上東西行走，還非常危險，近年還發生多起秦嶺探險死傷事件。

我以為，蝕中就是褒中之形訛，褒字中間的那個保字，不是非常接近蝕字的字形嗎？呆字稍微寫得潦草，就成了蟲字。

而且史書根本不存在蝕中、鐳中道，所謂道路近似鐳形，純屬可笑的附會，山路的樣子都差不多，何曾有比附一種生僻銅器的例子？

子午道是西漢末年修建，當時也不存在。褒中道是遠古時期的重要通道，漢中石門建和二年（148 年）的《石門頌》說：「高祖受命，興於漢中，道由子午。出散入秦，建定帝位。」按此話不可信，因為距離三百年，不熟悉楚漢歷史，當時尚未有子午道。

因為劉邦南入漢中走的是褒中道，所以回來才有暗度陳倉，《史記‧高祖本紀》說：「漢王用韓信之計，從故道還。」《淮陰侯列傳》：「漢王舉兵東出陳倉，定三秦。」故道是故道縣，在今寶雞市西南到鳳縣之間。北出陳倉，

〔註1〕 黃盛璋：《褒斜道與石門石刻》，《歷史地理論集》，人民出版社，1982 年，第 230～231 頁。
〔註2〕 辛德勇：《論劉邦進出漢中的地理意義及其進軍路線》，《傳統文化與現代化》 1997 年第 4 期。收入辛德勇：《歷史的空間與空間的歷史》，第 101～105 頁。

在今寶雞。故道緊鄰褒中，證明原來就是走褒中道南下。

既然劉邦是走褒中道，那麼杜南如何解釋呢？

其實也不難解釋，因爲關中不止長安東南的那一個杜，還有一個杜，在今鳳翔縣。西漢就有杜陽縣，《漢書・地理志上》右扶風杜陽縣：「杜水，南入渭，莽曰通杜。」杜水是今漆水河，杜水注入渭水的地方，西南就是今眉縣，褒斜道的北段斜谷，即今石頭河谷。鳳翔北部的這個杜，靠近周原，歷史也很悠久。如果劉邦是從杜水向南，進入褒斜道，也有可能。

褒中道直對漢中郡的治所南鄭縣，劉邦走的是褒中道。史書根本不存在蝕中道、鐉中道，都是褒中的形訛。

從地圖可以看出，長安正南，是東西向的秦嶺高山，所以很難翻越，所以子午道很晚才開闢。而眉縣、寶雞西南的山口較爲低矮，所以褒斜道、故道最早開闢。劉邦的大軍，自然選擇最好走的線路。

李白詩歌《蜀道難》說：「蠶叢及魚鳧，開國何茫然！爾來四萬八千歲，不與秦塞通人煙。」不過是文學修辭，不是信史。早在西周之前，巴蜀就和陝西有密切來往，《尚書・牧誓》說周武王伐商時率領有庸、蜀、羌、髳、微、盧、彭、濮人。《竹書紀年》記載周夷王二年，蜀人、呂人來獻瓊玉。〔註3〕周幽王寵愛的褒姒就來自漢中的褒國，劉邦走的褒斜道，名字就源自褒國。考古也發現，西周和秦國的一些兵器樣式傳入巴蜀。〔註4〕

漢中向南的商路也早已開通，《史記・貨殖列傳》說：「及秦文、孝、繆居雍，隙隴蜀之貨物而多賈……巴蜀亦沃野……然四塞，棧道千里，無所不通，唯褒斜，綰轂其口。」雍在今鳳翔縣南的古雍城遺址，是秦國最重要的都城，秦國在此建都年。秦國在雍建都的一個重要原因是控制隴西、西南的商路，雍都之南是今寶雞，寶雞西南就是故道。巴蜀通往外界的通道，最重要的是褒斜道，因爲直出長安。東漢永平四年（61年），褒斜道開鑿石門，是中國最早的穿山隧道，建和二年（148年）的《石門頌》還刻在石門隧道的西壁。《華陽國志》卷三《蜀志》：「開明立，號曰叢帝。叢帝生盧帝。盧帝攻秦，至雍。」此事不見於中原記載，或許有所依據，說明蜀人也想打通去陝西的道路。秦滅巴蜀，設郡縣，這條路線更加通暢。所以項羽雖然把劉邦貶到西南，劉邦還是很快回到關中，最終打敗項羽。

〔註3〕方詩銘、王修齡：《古本竹書紀年輯證》，上海古籍出版社，1981年，第53頁。
〔註4〕李學勤：《東周與秦代文明》，上海人民出版社，2007年，第128～131頁。

秦阿房宮遺址（周運中攝於 2018 年 8 月 24 日）

漢長安城未央宮遺址（周運中攝於 2018 年 8 月 24 日）

中原篇

劉邦的歷史文化地理背景分析

關於秦末大起義的研究很多，但是從文化地理角度去專門研究的論著則很少。關於劉邦起義的研究也是這樣，其實，劉邦起義軍和秦末其他起義軍的不同之處在於其處在多種地域文化交界地帶，而且正是這個文化邊緣區的起義軍最終取得勝利，所以從歷史地理角度分析劉邦起義的研究尤其重要。

前人未能認清劉邦老家是諸多文化交界處，時常誤以爲劉邦就是楚人，這就影響了我們正確認識劉邦的眞實面貌。

一、沛縣豐邑的國屬變化

通常有不少人認爲劉邦是楚國人，甚至有些學者也認爲劉邦是楚人，其實說劉邦是楚人不準確。

司馬遷《史記・高祖本紀》開頭一句就說：「高祖，沛豐邑中陽里人，姓劉氏，字季。」

《史記》沒有說劉邦是楚人，沛縣的縣治就在今沛縣，沛縣下屬的豐邑的治所就是今豐縣，這裡原來是哪個國家的地方呢？

《戰國策・秦策四》記載楚人黃歇說秦昭王曰：

> 且王攻楚之日，四國必應悉起應王。秦、楚之構而不離，魏氏將出兵而攻留、方與、銍、胡陵、碭、蕭、相，故宋必盡。齊人南面，泗北必舉。

這裡說，如果秦昭王攻打楚國，魏國將趁機攻佔宋國的留、方與、銍、胡陵、碭、蕭、相，宋國就要滅亡，齊國也會向南出兵，佔領到泗水一帶。留在今山東微山縣西，銍在今安徽濉溪縣南，方與在今山東魚臺縣西，胡陵在今魚

臺縣東，碭在今永城市北部，蕭在今安徽蕭縣北面，相在今天蕭縣的南部，這些地方都是宋國的領土，宋國都城在睢陽（治今商丘），其東部疆界一直到達彭城（治今徐州），彭城曾經做過宋國的都城。方與、胡陵、彭城、蕭這四個地方圍繞著沛縣、豐邑，所以沛縣、豐邑原來必然是宋國的領土。

宋國始於西周初年，存在近 800 年。公元前 286 年，齊愍王滅掉宋國，宋王偃死在魏國的溫縣（治今河南溫縣西）。當時的宋國是除了戰國七雄外唯一的一個中等國家，宋國的滅亡，使得齊國的實力大大增強，並對魏國、楚國構成直接威脅。由於齊國的勢頭太大了，終於招致了列國聯軍的顛覆。

秦國不能眼睜睜地看著東方興起一個強大的對手，而燕國也一心要報公元前 314 年齊國曾經佔領燕國都城這一舊仇。於是秦、韓、魏、趙、燕五國聯手攻齊，公元前 284 年五國聯軍在濟水邊大敗齊國，燕軍長驅直入，佔領齊國都城臨淄，齊愍王逃跑到莒縣（治今山東莒縣），楚國的將軍淖齒受命援救齊國，後來趁亂殺死愍王。齊國人又殺掉淖齒，擁立愍王的兒子襄王為王。〔註1〕

趁齊國滅亡時，楚國佔領了淮北地區，包括泗水流域南部，魏國佔領了先前被齊國佔領的宋國地方，建立了大宋、方與兩個郡，〔註2〕大宋郡的治所在原先的宋國都城睢陽，方與郡的治所在方與縣。這樣，劉邦的老家從齊國人的手裏又轉到魏國人的手裏了。

公元前 225 年，秦國大將軍王賁包圍魏國都城大梁（治今開封），掘開黃河大堤，水淹大梁。魏國末代國王「假」在三個月後投降，這一年劉邦 32 歲。

這時有魏國宗室逃到沛縣豐邑建立流亡政府，大概因為很快被秦軍消滅，所以史書中沒有詳細記載。但是《史記·高祖本紀》說：

> 陳王使魏人周市略地。周市使人謂雍齒曰：「豐，故梁徙也。
>
> 今魏地已定者數十城。齒今下魏，魏以齒為侯守豐。不下，且屠豐。」
>
> 雍齒雅不欲屬沛公，及魏招之，即反為魏守豐。

這裡記載了魏國遷都豐邑一事，雍齒本來就很不情願屬於劉邦，於是就投降了魏國，自封為魏的守臣。雍齒的做法當然得到豐邑老百姓的支持，說明豐邑的老百姓確實認同魏國。劉邦的前 32 年人生，是魏的臣民。

〔註 1〕 楊寬：《戰國史》，上海人民出版社，2003 年，第 397 頁。

〔註 2〕 楊寬：《戰國史料編年輯證》，上海人民出版社，2001 年，第 802 頁、第 809 頁。

　　李開元說劉邦：「前半生，都是在楚國的沛縣，作爲楚國的國民度過的。」
〔註3〕這話其實不對，雖然豐邑在秦朝統一六國後屬於沛縣，而沛縣後來被
楚國佔領，但是這不等於豐邑被楚國佔領。春秋戰國時期各國境界錯綜複
雜，中原地區尤其如此。魏國遷都豐邑時，楚國還沒有滅亡，楚國完全有
實力趁機佔領豐邑，但是楚國沒有佔領，說明豐邑是魏國領土，而非臨時
獲得。

　　公元前 284 年，趁著齊國被五國聯軍攻破的時候，齊國的南陽地區（今
泰沂山地以南）被楚人佔領，《史記‧魯仲連鄒陽列傳》記載魯仲連游說留守
聊城（今山東省聊城市西北）的燕國將軍時說：

　　　　且楚攻齊之南陽，魏攻平陸，而齊無南面之心，以爲亡南陽之
　　害小，不如得濟北之利大。

南陽地區一直歸楚，直到楚亡。公元前 249 年，楚國滅了魯國，佔領了泗水
流域的大片地方。這一年，劉邦 10 歲了。

　　沛縣先屬宋，一度屬於齊國，不久屬於魏國，直到魏國滅亡，但是其東
面的泗水流域則被楚國攻佔，其中複雜的楚、魏拉鋸戰在史書中並沒有詳細
記載。但是沛縣豐邑一帶的基礎文化無疑是宋文化，並且在戰國末年的大動
亂中受到齊、魏、楚三種文化的影響。但是宋國也是周朝建立後才有的國家，
在這之前的文化是什麼樣的呢？

二、爲何傳說蛟龍生劉邦

　　《史記‧高祖本紀》說：

　　　　　　父曰太公，母曰劉媼。其先劉媼嘗息大澤之陂，夢與神遇。是
　　　　時雷電晦冥，太公往視，則見蛟龍於其上。已而有身，遂產高祖。

劉邦爲蛟龍所生的傳說很傳奇，李開元把這個傳說解釋爲劉邦的母親和別人
野合而生。〔註4〕這個分析有一定道理，那時的青年男女固然很開放，劉邦也
確實很可能是私生子。但是這個分析也缺乏根據，只是一種設想。劉邦編造
龍生的傳說不可能爲了宣佈他是一個私生子，當然是劉季爲了顯示自己和凡
人不同，爲了說明他是神仙的後代，是天生龍種。

〔註3〕李開元：《復活的歷史──秦帝國的崩潰》，北京：中華書局，2007 年，第 13
　　　頁。
〔註4〕李開元：《復活的歷史──秦帝國的崩潰》，第 7 頁。

1955 年四川德陽採集東漢野合畫磚（周運中 2018 年 8 月 21 日攝於四川博物院）

　　劉邦爲何說自己的母親在大沼澤邊上和蛟龍交合生下自己呢？這裡有一個沛縣豐邑的原始文化背景，《左傳・僖公二十一年》子魚說：「任、宿、須句、顓臾，風姓也，實司太皞與有濟之祀。」任（在今山東濟寧）、宿、須句（在今山東東平）、顓臾（在今山東費縣）四國都是風姓太皞氏的後代，祭祀太皞和濟水。同書《昭公十七年》梓慎說太皞氏的「墟」即故都在陳（在今河南淮陽），看來魯西、豫東平原是太皞氏的原居地。

　　同書《昭公十七年》又記載：

　　　　秋，郯子來朝，公與之宴。昭公問焉，曰：「少皞氏鳥名官，何故也？」郯子曰：「吾祖也，我知之。昔者黃帝氏以雲紀，故爲雲師而雲名；炎帝氏以火紀，故爲火師而火名；共工氏以水紀，故爲水師而水名；大皞氏以龍紀，故爲龍師而龍名。我高祖少皞摯之立也，鳳鳥適至，故紀於鳥，爲鳥師而鳥名。

郯子是少皞氏的後代，和太皞氏源自兄弟部落。大皞氏崇拜龍，以龍作爲部族的標誌。《左傳・昭公二十九年》記載蔡墨說：「龍，水物也。」任、宿、須句、顓臾四國祭祀太皞和濟水，顓臾在魯東山地，仍然祭祀濟水，說明他們原來也住在濟水附近。大皞氏所居住的魯西、豫東平原，遠古時沼澤密佈，所以他們自然要把龍作爲圖騰。劉邦的老家原來是太皞氏之地，那裡的老百

姓崇拜大沼澤中的蛟龍，所以劉邦編造自己是蛟龍的後代。

大皞氏和少皞氏都是東夷，周武王滅商後，東夷沒有臣服周朝，周公旦討伐東夷，鼎銘說：「惟周公於征伐東夷，豐伯、薄姑咸斬。」這句話的意思是周公攻打東夷勝利，豐國的國君豐伯和薄姑國的國君都被打敗了，薄姑國的都城在今山東博興縣東南，豐國的都城，有學者認爲在今山東青州。〔註5〕豐國人很可能在戰爭中移民到別的地方，劉邦的老家豐縣很可能和東夷的豐族有關，這個豐族是不是因爲風姓的大皞氏得名就不清楚了。

三、爲何傳說劉邦斬白蛇？

劉邦斬白蛇的故事是大家熟悉的另一個傳奇故事，見於《史記・高祖本紀》。這個故事顯然是劉邦編造，爲了證明自己是赤帝之子。在當時的黃河下游平原，沼澤密佈，鱷魚和蟒蛇很多，夜裏在沼澤中遇見蛇很正常。

秦國在西方，楚國在南方，在古代的五行體系中，西方對應白色，南方對應赤色，所以西方是白帝所管，南方是赤帝所管。據《史記・封禪書》記載，秦國在秦襄公的時候，自以爲在西部，祭祀少昊氏之神，建立西時，敬奉白帝。在秦文公的時候，又建立了鄜時，也祭祀白帝。

所以白帝是秦國的上帝，白帝的兒子就是秦國的君主，而赤帝是楚國的上帝，赤帝的兒子就是楚國的君主，赤帝的兒子殺死白帝的兒子，暗指劉邦作爲一個楚人，將要殺死秦國的君主，奪取天下。劉邦不是正宗的楚人，可能短期內做過楚人，但是他老家在楚國的邊界上，劉邦的手下有很多楚人，劉邦在起義初期是投靠楚國政權的，所以劉邦用這個故事來號召楚人。

劉邦的老家靠近齊國和魯國，這裡是陰陽五行思想最流行的地方。《史記・孟子荀卿列傳》說：

> 孟軻，騶人也。受業子思之門人。……其後有騶子之屬。……
> 其次騶衍，後孟子。騶衍睹有國者益淫侈，不能尚德，若《大雅》
> 整之後身，施及黎庶民矣。乃深觀陰陽消息而作怪迂之變，《終始》、
> 《大聖》之篇十餘萬言。……稱引天地剖判以來，五德轉移，治各
> 有宜，而符應若茲。……騶奭者，齊諸騶子，亦頗採騶衍之術以紀文。

鄒衍是陰陽五行學的一代大師，他把原來的陰陽五行學說和政治學說結合，大加發揮，寫了《終始》、《大聖》等著作，有十餘萬字。他的學說在當時的

〔註5〕楊寬：《西周史》，上海人民出版社，2003 年，第 549～550 頁。

社會上到王公大臣，下到平民百姓，都產生巨大影響。

　　齊國和魯國奉行鄒衍學說的人很多，從鄒衍的姓氏和《史記》的行文來看，鄒衍的祖籍可能是鄒縣（今山東鄒城市），劉邦的老家沛縣和鄒城就隔著一個胡陵縣和滕縣（治今山東滕州），所以自然深受陰陽五行學說的影響，所以才有這個赤帝兒子殺死白帝兒子的傳說。

四、劉邦爲何祭祀蚩尤？

　　劉邦在起義之初祭祀過蚩尤，《史記·高祖本紀》說：

> 父老乃率子弟共殺沛令，開城門迎劉季，欲以爲沛令。……眾莫敢爲，乃立季爲沛公。祠黃帝，祭蚩尤於沛庭，而釁鼓旗，幟皆赤。由所殺蛇白帝子，殺者赤帝子，故上赤。

劉邦爲何要祭祀蚩尤呢？《漢書·地理志》說東郡壽良縣有「蚩尤祠在西北沛上」，沛上指壽良縣西北部的沛水（即濟水）邊。《史記·五帝本紀》裴駰《集解》引用曹魏時編撰的《皇覽》說：

> 蚩尤冢在東平郡壽張縣闞鄉城中，高七丈，民常十月祀之。有赤氣出，如匹絳帛，民名爲蚩尤旗。肩髀冢在山陽郡巨野縣重聚，大小與闞冢等。傳言黃帝與蚩尤戰於涿鹿之野，黃帝殺之，身體異處，故別葬之。

壽張縣（即壽良縣）在今天山東的東平，上面說過巨野縣治今山東巨野縣西北，和劉邦的老家沛縣很近，劉邦肯定很熟悉蚩尤的傳說。

　　呂思勉根據《世本》中「涿鹿在彭城」的記載，認爲涿鹿在今天的徐州市南面，[註6]我認爲這種說法正好可以和《山海經》一則神話對應，《大荒南經》：

> 有宋山者，有赤蛇，名曰育蛇。有木生山上，名曰楓木。楓木，蚩尤所棄其桎梏，是謂楓木。

《大荒南經》的順序是從西南向東南，這句話稍靠後，所以在東南方。宋山疑即宋國的山，宋國多是平原，只有彭城南面有芒碭山。涿鹿可能在別的地方，但是宋國靠近壽張縣和巨野縣，所以必定也有蚩尤的傳說。

　　壽張縣和巨野縣，先屬魯國，後被齊占，於是蚩尤成了齊國的八個最主要的神之一。《史記·封禪書》說：

〔註6〕呂思勉：《呂思勉讀史箚記》，上海古籍出版社，2005年，第35～36頁。

> 八神將，自古而有之，或曰太公以來作之。齊所以爲齊，以天
> 齊也。其祀，絕莫知起時。八神：……三曰兵主，祠蚩尤。蚩尤在
> 東平陸監鄉，齊之西境也。

蚩尤是「兵主」，也就是戰神。蚩尤的祭祀場所在東平陸縣（治今山東汶上縣
北）的監鄉，就是壽張縣的闞鄉，監字上古代音是見母談部 kam，闞字是溪母
談部 kham，讀音接近，漢代屬於東平陸縣，曹魏時屬於壽張縣。嬴政在巡遊
齊地時，沒有祭祀蚩尤。對於劉邦等附近地方老百姓來說，蚩尤崇拜是一種
普通的民間信仰。祭祀戰神蚩尤，是祈求打仗勝利。盛行蚩尤崇拜的地域緊
鄰豐沛，甚至可能包括豐沛，劉邦自然要在起義之前祭祀戰神蚩尤。

五、劉邦的文化背景使他打敗項羽

從上文的分析，我們可以知道劉邦的老家沛縣豐邑原來是宋國的領土，
後來曾經被齊國、魏國佔領，沛縣東部可能被楚國佔領，秦吞併六國後，豐
邑改屬沛縣。所以可以說劉邦是宋人，也可以說劉邦是魏人，也可以說劉邦
是楚人。但是宋國佔有該地的時間最長，宋文化的影響最深。宋文化是一個
長期被普通人忽視的文化，宋文化傳承了商文化，根基深厚，不可小覷。宋
地產生了道家，這是漢朝初年道家佔據統治思想主流的原因。劉邦的性格也
受到道家的影響，比項羽老謀深算。

魏、楚文化的影響也很大，《史記·高祖本紀》說：「秦之滅大梁也，張
耳家外黃。高祖爲布衣時，嘗數從張耳遊，客數月。」外黃治今河南民權西
北，靠近劉邦老家，劉邦到魏地，跟隨魏國大梁人張耳，長達數月，顯然因
爲劉邦的家鄉屬於魏國。《魏公子列傳》說：「高祖始微少時，數聞公子賢。
及即天子位，每過大梁，常祠公子。高祖十二年，從擊黥布還，爲公子置守
冢五家，世世歲以四時奉祠公子。」劉邦本是魏人，所以崇奉信陵君。豐邑
雖然被齊國佔領時間很短，但是靠近齊國，文化上也深受齊、魯二國的影響。

總而言之，劉邦的文化背景相當複雜。其實正是這種複雜的地域文化背
景，使得劉邦集團在秦末漢初的戰亂中左右逢源，最終取勝。劉邦能夠吸引
張良等中原人，正是因爲劉邦家鄉深受中原文化影響。劉邦不是正宗的楚人，
所以他和項羽的矛盾，根源在此。至少說，劉邦的中原集團和項羽的南方集
團有文化上的隔閡。《史記·高祖本紀》說：

> 當是時，秦兵彊，常乘勝逐北，諸將莫利先入關。獨項羽怨秦

破項梁軍，奮，原與沛公西入關。懷王諸老將皆曰：「項羽為人僄悍
猾賊。項羽嘗攻襄城，襄城無遺類，皆阮之，諸所過無不殘滅。且
楚數進取，前陳王、項梁皆敗。不如更遣長者扶義而西，告諭秦父
兄。秦父兄苦其主久矣，今誠得長者往，毋侵暴，宜可下。今項羽
僄悍，今不可遣。獨沛公素寬大長者，可遣。」卒不許項羽，而遣
沛公西略地，收陳王、項梁散卒。

　　劉邦之所以能先入關，其實是被楚懷王的老將們安排好。楚懷王心原來是牧
羊人，手下哪裏來的諸老將呢？其實楚懷王身邊的這些人，正是原先在淮北
起兵的楚將。項梁渡過淮河，殺了凌縣（在今江蘇泗陽）人秦嘉所立的楚王
景駒。項梁殺掉的僅是幾個人，大量在淮北起兵的楚將仍然存在。這些人的
家鄉靠近劉邦，心裏對項梁懷有怨恨。項梁一死，他們就借機推劉邦出來。

　　韓、魏、楚的都城在戰國時東遷到淮河以北，大量反秦失敗的力量東遷
到了都城更東的地方。張良刺殺嬴政失敗，還能逃亡在下邳（治今睢寧古邳）。
張耳、陳餘受到秦的通緝，還能逃亡在陳縣（治今河南淮陽），說明淮北一帶
集中了大量反秦力量。陳勝敢在淮北的蘄縣（治今宿州蘄縣鎮）大澤鄉起兵，
或許不是偶然，他是看準了淮北民間積聚的反秦怒火。《秦始皇本紀》說三十
六年：「有墜星下東郡，至地為石，黔首或刻其石曰：始皇帝死而地分。」東
郡人借隕石來宣傳反秦思想，東郡正是魏地，靠近劉邦老家。

　　所以劉邦能夠崛起，根本原因是淮北積聚了最強的反秦力量。秦軍的鐵
蹄東進，把六國人從中原驅趕到了淮海，反秦的力量在淮海之地積聚，最終
形成了強有力的反作用力，向西滅亡了秦朝。客觀上，是楚、晉、齊三大文
化，最終選擇了三大文化交匯點的沛縣豐邑人劉邦，作為反秦的總代表，滅
亡了秦朝。所以漢朝在沛縣豐邑崛起不是偶然，而是由地理形勢決定。

　　豐縣西北不遠是山東定陶縣，《史記‧貨殖列傳》說范蠡：「乃乘扁舟，
浮於江湖，變名易姓，適齊為鴟夷子皮，之陶為朱公。朱公以為，陶，天下
之中，諸侯四通，貨物所交易也。乃治產積居。與時逐而不責於人。故善治
生者，能擇人而任時。十九年之中三致千金，再分散與貧交疏昆弟。此所謂
富好行其德者也。後年衰老而聽子孫，子孫修業而息之，遂至鉅萬，故言富
者皆稱陶朱公。」陶（今定陶）之所以是天下之中，因為在中原、齊魯、東
南之間，黃河、淮河交匯處。其實劉邦的家鄉也可以看成是天下之中，劉邦
是正宗的中原人，這是他奪取中國的根本原因。

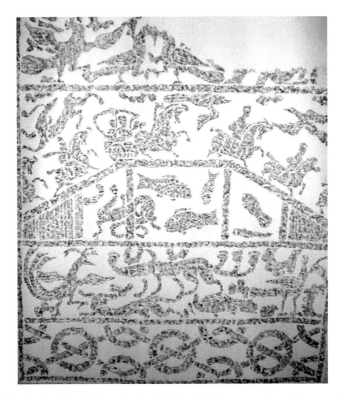

漢代車馬過橋畫像石拓片（周運中攝於 2010 年 6 月 28 日）

劉邦歌的是哪一場大風？

　　眾所周知，劉邦的《大風歌》是中國歷史上一首非常著名的歌謠，《史記・高祖本紀》說：

> 秋七月，淮南王黥布反，東并荊王劉賈地，北渡淮，楚王交走入薛。高祖自往擊之。立子長爲淮南王。

> 十二年，十月，高祖已擊布軍，會甄，布走，令別將追之。高祖還歸，過沛，留。置酒沛宮，悉召故人父老子弟縱酒，發沛中兒得百二十人，教之歌。酒酣，高祖擊筑，自爲歌詩曰：「大風起兮雲飛揚，威加海內兮歸故鄉，安得猛士兮守四方！」令兒皆和習之。高祖乃起舞，慷慨傷懷，泣數行下。謂沛父兄曰：「遊子悲故鄉。吾雖都關中，萬歲後吾魂魄猶樂思沛。且朕自沛公以誅暴逆，遂有天下，其以沛爲朕湯沐邑，復其民，世世無有所與。」沛父兄諸母故人日樂飲極驩，道舊故爲笑樂。十餘日，高祖欲去，沛父兄固請留高祖。高祖曰：「吾人眾多，父兄不能給。」乃去。沛中空縣，皆之邑西獻。高祖復留止，張飲三日。沛父兄皆頓首曰：「沛幸得復，豐未復，唯陛下哀憐之。」高祖曰：「豐吾所生長，極不忘耳，吾特爲其以雍齒故反我爲魏。」沛父兄固請，乃並復豐，比沛。

劉邦在漢十一年（前196年），因爲淮南王英布起兵，所以親自率軍南征，在甄打敗英布。裴駰《集解》引徐廣曰：「在蘄縣西。」

　　劉邦因而返回故鄉，唱出這首歌，還下令大家一起唱，還起身跳舞，唱哭起來。又下令給予沛縣特殊的優待，但是不給豐縣，他說因爲豐縣曾經反抗他，但是豐縣畢竟是他生長的地方，所以在父老的求情下，還是給予豐縣

和沛縣一樣的待遇。

我認為劉邦此次難得返回故鄉，他的《大風歌》不是亂唱，大風也不是簡單的文學修辭。因為在他一生中敗得最慘的一場戰爭中，正是被大風解救，這就是睢水大戰，《高祖本紀》說漢二年：

> 是時項王北擊齊，田榮與戰城陽。田榮敗，走平原，平原民殺之。齊皆降楚。楚因焚燒其城郭，繫虜其子女。齊人叛之。田榮弟橫立榮子廣為齊王，齊王反楚城陽。項羽雖聞漢東，既已連齊兵，欲遂破之而擊漢。漢王以故得劫五諸侯兵，遂入彭城。項羽聞之，乃引兵去齊，從魯出胡陵，至蕭，與漢大戰彭城靈壁東睢水上，大破漢軍，多殺士卒，睢水為之不流。乃取漢王父母妻子於沛，置之軍中以為質。當是時，諸侯見楚強漢敗，還皆去漢復為楚。塞王欣亡入楚。

此次劉邦趁項羽北上齊地，攻下彭城（今徐州），其實不僅是攻入項羽的都城，而且是打回老家，但是項羽的實力仍然在劉邦之上，突然回來，打敗劉邦。大戰於靈壁（在今濉溪）之東的睢水之上，劉邦軍隊的屍體堵塞了睢水。劉邦的父母、妻子都被項羽抓住，諸侯紛紛背叛劉邦。

《史記·項羽本紀》說：

> 四月，漢皆已入彭城，收其貨寶美人，日置酒高會。項王乃西從蕭，晨擊漢軍而東，至彭城，日中，大破漢軍。漢軍皆走，相隨入穀、泗水，殺漢卒十餘萬人。漢卒皆南走山，楚又追擊至靈壁東睢水上。漢軍卻，為楚所擠，多殺，漢卒十餘萬人皆入睢水，睢水為之不流。圍漢王三匝。於是大風從西北而起，折木發屋，揚沙石，窈冥晝晦，逢迎楚軍。楚軍大亂，壞散，而漢王乃得與數十騎遁去，欲過沛，收家室而西。楚亦使人追之沛，取漢王家。家皆亡，不與漢王相見。漢王道逢得孝惠、魯元，乃載行。楚騎追漢王，漢王急，推墮孝惠、魯元車下，滕公常下收載之。如是者三。曰：「雖急不可以驅，奈何棄之？」於是遂得脫。求太公、呂后不相遇。審食其從太公、呂后間行，求漢王，反遇楚軍。楚軍遂與歸，報項王，項王常置軍中。

劉邦的軍隊在彭城大敗，殘軍多逃亡彭城以南的山中。劉邦南逃到靈壁之東的睢水上，再次大敗，幸而忽然有狂風從西北吹來，劉邦趁亂逃脫。劉邦找

不到家人，僅有子女隨行。他爲了逃命，竟然把子女推下車。歷史往往有很多偶然因素，如果劉邦死在這次戰爭中，項羽重新獲得天下，依然分封諸侯，中國歷史將重新回到戰國狀態。

這場西北來的大風，有很多沙塵，讓白天變成非常昏暗，無疑是一場沙塵暴，所以發生在四月。戰國時期，燕國、趙國的疆域向北推進，秦朝又把燕、趙的長城加長加高。秦朝還重新攻佔河套，遷徙很多人來屯田，使得北方很多牧場變成了農田，這就使得沙塵暴的強度更大。劉邦從這場沙塵暴中僥倖逃脫，還要感謝秦始皇。

裴駰《集解》引《括地志》說：「靈壁故城，在徐州符離縣西北九十里。」符離縣城，在今宿州之北的符離集，《元和郡縣志》卷九宿州符離縣：「本秦舊縣……靈壁故城，在縣東北九十里。漢二年，漢王入彭城，項羽以精兵三萬人，晨擊漢軍於靈壁東的睢水上，大破之。」今按應是西北九十里，因爲西北九十里是睢水岸邊，東北九十里不是睢水。這個靈壁是在今濉溪境內的一個塢壁，也即民間堡壘，不在今安徽靈壁縣。

項羽的軍隊應該在面向西北，士兵的眼睛被沙塵暴損傷，所以才讓劉邦逃脫。因爲這一段睢水正是從西北向東南流，項羽從東方進軍，到了此處，順河谷攻打劉邦，士兵面向西北。

劉邦被大風解救的靈壁，竟然靠近他打敗英布的蘄縣。這兩個地方也很靠近彭城、豐、沛，彭城是項羽的都城，劉邦在彭城被打敗，軍隊逃入彭城以南的山中，而這些山正是劉邦起兵之前躲藏的芒碭山區。

劉邦在回到老家時，不禁感慨，當年在靈壁被項羽打敗，如今又在附近的蘄縣打敗英布，勇士眞是重要！

所以劉邦在睢水打敗英布時，一定記得他當年最慘的失敗，記得拯救他的大風，正如他記得豐縣人曾經反叛他。

劉邦的《大風歌》不是隨意比興，他在老家附近起兵，在老家附近慘敗，在老家附近消滅英布，他永遠記得拯救他的大風，所以才有了《大風歌》，才有跳舞時的哭泣。

元代睢景臣的《哨遍‧高祖還鄉》以極爲辛辣的口吻諷刺了劉邦，令人捧腹大笑。不過仔細一想，這首元曲其實不合情理。劉邦和他老家的人關係非常融洽，他特許豐、沛免除賦稅。他老家的人不可能對劉邦非常憤怒，更不可能跟劉邦要欠過的賬。劉邦已經在老家住了十多天，老家人還要留劉邦

多住。劉邦怕給老家帶來嚴重負擔，所以想趕快離開。沛縣所有人都到了沛縣的西部來拜見劉邦，沛縣的城中已經空了，說明劉邦確實離開了沛縣城。或許是睢景臣不知道這一段歷史，或許是他有意創作這個文學作品，借古諷今。不過中國歷史上的平民皇帝和家鄉人的關係確實有很大變化，像劉邦這樣做了皇帝還真正地和家鄉人打成一片，確實不多。

風、豐的讀音接近，豐養育了他，風拯救了他，他回到豐縣歌頌大風，養育他的土地和拯救他的自然，融為一體。他貴為皇帝，但也知道最終還要回歸自然。他說死後魂魄還要回到老家，正是表明他回歸自然的態度。

劉邦的老家距離老子、莊子的老家很近，老子的老家在今河南鹿邑和安徽亳州一帶，莊子的老家在今安徽蒙城。劉邦等人受到黃老思想的影響很深，這也是漢朝前期的流行思想。莊子在《齊物論》稱風為天籟，說：「夫大塊噫氣，其名為風。是唯無作，作則萬竅怒呺。」劉邦、莊子生長的大平原，一馬平川，風力很大，所以他們熟悉風的力量，通過風來感受自然的偉大。

劉邦《大風歌》說威加海內，又說安得猛士。威加海內，未必無憂無慮。劉邦承認做皇帝的辛苦，不在家鄉父老面前假正經，跳舞哭泣，這也是道法自然的人生態度。劉邦之所以打敗項羽，恐怕正是因為劉邦身上有道家的人生態度，會妥協，善變化，能包容，懂曲折。

劉邦回到家鄉唱《大風歌》時，身上已經受了重傷，他在消滅英布時中了箭，半年之後就死在長安。所以他唱《大風歌》時，很可能預料到來日不多。他的《大風歌》其實是在回顧自己的一生，他早年肯定沒想到自己真的做了皇帝。秦末的戰爭就像那場大風一樣，摧枯拉巧，把看似強大的秦朝迅速吹翻。劉邦本人就是這場歷史風暴中的核心人物，被蜂擁而起的民眾吹上了皇位。

劉邦作為中國歷史上第一個平民皇帝，他能在死之前回到家鄉唱歌，回顧自己的一生，也是人生幸事。

徐州獅子山楚王兵馬俑（周運中 2007 年 8 月 5 日攝於徐州漢兵馬俑博物館）

徐州獅子山楚王兵馬俑（周運中 2010 年 6 月 28 日攝於徐州漢兵馬俑博物館）

楚漢決戰之垓下在今靈璧縣考

楚漢相爭的最後一場大戰垓下之戰已經過去了 2220 年，但是關於這次戰爭的來龍去脈卻在近年有很多新的爭論。

垓下所在，古代本來沒有任何爭論，《漢書·地理志上》沛郡下說：「洨，侯國。垓下，高祖破項羽。」《續漢書·郡國志二》沛郡下說：「洨，有垓下聚。」這都是全書唯一提及的垓下，並且明確說到是垓下大戰所在。

魏晉南北朝時期的政區混亂，原洨縣地改爲連城縣，《魏書·地形志中》睢州穀陽郡下說：「連城，武定六年（548 年）置，有豪城、澮水。高昌，武定六年置。郡治。有項羽祠。」連城縣治今固鎮縣的連城鎮，豪城即今固鎮縣的濠城鎮，澮水即今澮河，穀陽郡治高昌縣，即固鎮縣治南面不遠的谷陽村。高昌縣的項羽祠就在垓下附近，這也說明垓下在今安徽。這是《魏書》中唯一的項羽祠，其重要性不言而喻。《地形志》南兗州治譙城（今安徽亳州），其下的谷陽縣（治今河南鹿邑）沒有提到垓下。

但是唐代以後居然出現了垓下在眞源縣（治今河南鹿邑）的錯誤說法，晚唐李吉甫的《元和郡縣圖志》、北宋樂史的《太平寰宇記》、清初顧祖禹的《讀史方輿紀要》都只提到在今安徽的垓下，可見鹿邑垓下說沒有得到古人認可。關於鹿邑說的由來，本文在最後給出了合理解釋。

還有人誤以爲在今固鎮縣北濠城鎮的洨縣城是垓下，其實漢代的垓下還是聚，不是縣城。

另外，近年有人提出垓下之戰是陳下之戰，這也是古人從來沒有提到的說法。歷史上絕大多數人都只知垓下之戰，不知陳下之戰。施丁先生提出「決

戰」的垓下之戰之前有一場「決勝」的陳下之戰，[註1] 本文認爲：陳下之戰確在垓下之戰之前，但是陳下之戰不太重要。又有學者更進一步說垓下之戰就是陳下之戰，[註2] 本文認爲這是絕大的謬誤。

施丁先生以《史記‧灌嬰列傳》記載灌嬰在陳下、垓下兩戰後封賞不同爲證，認爲陳下、垓下是兩戰。[註3] 凡是認爲垓下是陳下，或者認爲垓下在今鹿邑縣的人，都沒有引用上述正史地理志和地理總志。

本文認爲垓下在今靈璧縣東南和泗縣交界地區，爲了明白無誤地揭示垓下之戰的全景，本文按照戰爭進程敘述。

一、灌嬰是陳下之戰的關鍵

《史記》卷七《項羽本紀》說：

> 漢五年，漢王乃追項王至陽夏南，止軍，與淮陰侯韓信、建成侯彭越期會而擊楚軍。至固陵，而信、越之兵不會。楚擊漢軍，大破之。

> 漢王復入壁，深塹而自守。謂張子房曰：「諸侯不從約，爲之奈何？」對曰：「楚兵且破，信、越未有分地，其不至固宜。君王能與共分天下，今可立致也。即不能，事未可知也。君王能自陳以東傅海，盡與韓信；睢陽以北至穀城，以與彭越：使各自爲戰，則楚易敗也。」漢王曰：「善。」於是乃發使者告韓信、彭越曰：「并力擊楚。楚破，自陳以東傅海與齊王，睢陽以北至穀城與彭相國。」

> 使者至，韓信、彭越皆報曰：「請今進兵。」韓信乃從齊往。劉賈軍從壽春並行，屠城父，至垓下。大司馬周殷叛楚，以舒屠六，舉九江兵，隨劉賈、彭越皆會垓下，詣項王……於是項王乃上馬騎，麾下壯士騎從者八百餘人，直夜潰圍南出，馳走。平明，漢軍乃覺之，令騎將灌嬰以五千騎追之。項王渡淮，騎能屬者百餘人耳。

〔註1〕 施丁：《陳下之戰與垓下之戰》，《中國社會科學院研究生院學報》1998年第6期。

〔註2〕 辛德勇：《論所謂「垓下之戰」應正名爲「陳下之戰」》，《歷史的空間與空間的歷史》，第153～163頁。

〔註3〕 施丁：《陳下之戰、垓下之戰是兩事——與陳可畏、辛德勇商榷》，《中國史研究》2003年第1期。

這裡說劉邦追擊項羽到陽夏縣（治今河南太康），駐紮等待韓信、彭越會軍。但是到了固陵（在今河南淮陽縣北〔註4〕），韓信、彭越不來，於是項羽還擊，劉邦大敗。張良獻策說，如果將陳縣（治今淮陽）以東到海的地方封給韓信，睢陽縣（治今商丘）以北到穀城（治今山東平陰西南）封給彭越，那麼韓、彭二人必然出兵合擊。果然，韓信從齊地發兵，彭越也發兵前來。劉賈從壽春縣（治今安徽壽縣）向北，屠城父城（在今安徽渦陽），把項羽合圍在垓下。項羽的大司馬周殷，在六（治今安徽六安）倒戈，隨劉賈、彭越到了垓下。《高祖本紀》的記載還不如此處詳細，因為基本相同，所以不再贅抄。

但是兩個本紀都漏掉了垓下之戰前的一場戰役，這就是陳下之戰，關於陳下之戰的記載有以下幾則：

1.《史記》卷九五《樊噲傳》說：「從高祖擊項籍，下陽夏，虜楚周將軍卒四千人。圍項籍於陳，大破之。屠胡陵。」

2. 同卷《夏侯嬰傳》說：「復常奉車從擊項籍，追至陳，卒定楚，至魯，益食茲氏。」

3. 同卷《灌嬰傳》說：「攻苦、譙，復得亞將周蘭。與漢王會頤鄉。從擊項籍軍於陳下，破之，所將卒斬樓煩將二人，虜騎將八人。賜益食邑二千五百戶。項籍敗垓下去也，嬰以御史大夫受詔將車騎別追項籍至東城，破之。所將卒五人共斬項籍，皆賜爵列侯。降左右司馬各一人，卒萬二千人，盡得其軍將吏。下東城、歷陽。渡江，破吳郡長吳下，得吳守，遂定吳、豫章、會稽郡。還定淮北，凡五十二縣。」

4. 同書卷九八《靳歙傳》說：「略地東至繒、郯、下邳，南至蘄、竹邑。擊項悍濟陽下。還擊項籍陳下，破之。別定江陵。」

5. 同書卷十八《高祖功臣侯年表》說：「（曲城侯蠱逢）以都尉，破項籍軍陳下，功侯。」

可見，劉項確實在陳有一場大戰，不過這次戰役和垓下之戰完全是兩回事。前人已經指出，兩戰的參加人員不一樣。垓下之戰是楚漢最後的大決戰，如果樊噲、夏侯嬰、靳歙等人參加了垓下之戰，不可能一字不提。

〔註4〕《漢書》卷一下《高帝紀》：「至固陵。」注：「晉灼曰：即固始也。師古曰：後改為固始耳，《地理志》固始屬淮陽。」《續漢書‧郡國志二》陳國陽夏縣：「有固陵聚。」《史記》卷五十一《荊燕世家》：「五年，漢王追項籍至固陵。」《集解》：「徐廣曰：在陽夏。」《正義》引《括地志》云：「固陵，陵名，在陳州宛丘縣西北四十二里。」宛丘縣治今淮陽縣。

　　樊噲是劉邦連襟，司馬遷會隨意撰寫他的傳記嗎？比他們低微的列侯因何戰功而封爵都寫得一清二楚，怎麼可能漏寫皇親國戚、開國元勳的垓下戰功？有人看見夏侯嬰「追至陳，卒定楚」這六個字，就說陳下之戰是楚漢最後一戰，其實楚地極其廣闊，佔了當時中國的一半面積，夏侯嬰後來平定楚地很多城邑（詳下），這句話根本不能證明他參加了垓下之戰。

　　《史記》卷五四《曹相國世家》說：「（韓）信爲齊王，引兵詣陳，與漢王共破項羽，而參留平齊未服者。」有人看見韓信「引兵詣陳」四個字，就說韓信參加了陳下之戰，其實這是明顯的誤會。韓信是漢軍最重要的戰將，如果他參加了陳下之戰，司馬遷、班固會一字不提嗎？事實上，劉邦原先確實是準備在陳地合圍項羽的，但是韓信遠在齊地，怎麼可能及時趕來？至於項羽怎麼逃脫到垓下，詳見下文。

　　有人說，垓下是小地方，陳是大地方，不可能用這樣一個小地名來記述這樣一場重大戰役，其實中國歷史上有太多重大的戰役都是用小地方來記述的，比如赤壁之戰、參合陂之戰，正是因爲這些地方都是小地方，所以至今關於赤壁、參合陂在哪裏還有爭論。

　　哪些人參與了陳下之戰，哪些人參與了垓下之戰，各個人的傳記已經說得很清楚，我爲使得讀者一目了然，特地製出下表。

各部	陳下之戰	垓下之戰
樊噲	參與	未參與
夏侯嬰	參與	未參與
靳歙	參與	未參與
周勃	參與	參與
灌嬰	參與	參與
韓信	未參與	參與
彭越	未參與	參與
劉賈、英布、周殷	未參與	參與

　　灌嬰原來是跟隨韓信攻略齊地的，後來南下江淮，擊破了項羽在東方的主力軍項聲、郯公、薛公，又向西和劉邦會合於頤鄉（在今鹿邑縣〔註 5〕），參加了陳下大戰。不僅如此，灌嬰還承擔了追擊項羽的重任，又進軍江南，

〔註 5〕《集解》：「徐廣曰：苦縣有頤鄉。」苦縣治今鹿邑縣。

平定了項羽的根據地。可見灌嬰在聯絡劉邦、韓信東西兩部中起了最重要的作用，而且在此後的戰爭中被劉邦委以重任。

我們不難猜測，灌嬰的部隊是極有戰鬥力的。因為灌嬰收降了很多樓煩騎兵，所以往來如飛，戰鬥力很強。《史記》卷九五《灌嬰傳》說：「擊破柘公王武軍於燕西，所將卒斬樓煩將五人……東從韓信攻龍且、留公，旋於高密，卒斬龍且，生得右司馬連尹各一人、樓煩將十人……從擊項籍軍於陳下，破之，所將卒斬樓煩將二人，虜騎將八人。」這說明項羽手下有很多樓煩將，樓煩是北方邊疆的游牧民族，當然都是當時最好的騎兵。因此，在劉邦固陵失敗後，之所以能取得陳下之戰的新勝，就是因為灌嬰的西援。現在有學者的《垓下之戰圖》上不畫灌嬰一部，把灌嬰混同於韓信，〔註6〕忽視了灌嬰的作用。

灌嬰等人雖然在陳下戰勝項羽，但是不足以殲滅項羽主力軍。因為灌嬰此前兩次戰役，一次斬樓煩將五人，一次俘虜樓煩將十人，而這一次陳下之戰只斬樓煩將二人，說明戰果不如以前。而且項羽困在垓下時還有大軍，所以陳下之戰的重要性遠遠不能和垓下之戰相比。

我們不難猜測，項羽在取得固陵之戰的勝利後，眼看劉邦再次龜縮，自然放鬆警惕，誰料灌嬰的騎兵部隊迅速來襲，所以在陳下被灌嬰偷襲成功。這就是陳下之戰，對於灌嬰來說是一大功，但是對於全域來說影響不大。因為項羽明白灌嬰來援，迅速調整防備，灌嬰豈是項羽對手？正是因為陳下之戰只是灌嬰的一場偷襲，所以司馬遷在項羽、劉邦的本紀都沒有提到。

施丁先生認為項羽在陳下慘敗，只好逃跑，本文認為這個說法可能不太全面。項羽東撤的原因很簡單，在陳下之戰的同時，韓信、彭越兩支大軍開進了。此時楚地還有很多城邑忠於項羽，韓、彭大軍開進的消息很快就傳來，項羽明白寡不敵眾，所以趕快東撤。

二、項羽為何東撤垓下？

劉邦本部的樊噲、夏侯嬰等人為什麼不參與垓下之戰？原因有以下三點：

1. 灌嬰的部隊有精良的騎兵，但是戰鬥力很差的劉邦本部沒有，所以不一定能及時追擊。

〔註6〕李開元：《楚亡：從項羽到韓信》，北京：三聯書店，2015 年，第 216 頁。

2. 灌嬰加上韓信、彭越、劉賈、英布、周殷等人的兵力已經超過項羽殘部，所以足以殲滅項羽。

3. 垓下大戰時，東楚的大部分地區還效忠項羽，所以劉邦本部就作爲別部平定東楚其他地區了。

據上引《史記》本傳，灌嬰平定江南，又回淮北，說明淮北楚軍抵抗到最後。樊噲、夏侯嬰兩支部隊沒有參加垓下之戰，樊噲的部隊向東北進軍，在胡陵縣（治今微山縣張樓鎮程子廟村）屠城，夏侯嬰的部隊平定魯（治今曲阜）。

因爲胡陵正是進軍魯地的要衝，《項羽本紀》說：「（劉邦）東伐楚。項王聞之，即令諸將擊齊，而自以精兵三萬人南從魯出胡陵。四月，漢皆已入彭城。」項羽就是通過胡陵往來彭城和齊魯的，所以我們可以肯定，樊噲、夏侯嬰都是進軍魯地。《項羽本紀》說：「項王已死，楚地皆降漢，獨魯不下。漢乃引天下兵欲屠之，爲其守禮義，爲主死節，乃持項王頭視魯，魯父兄乃降。始，楚懷王初封項籍爲魯公，及其死，魯最後下，故以魯公禮葬項王穀城。」這裡說，項羽已死，但是魯地就是不投降漢朝，於是劉邦拿了項羽的人頭，魯地才投降。《灌嬰傳》說：「齊地已定，韓信自立爲齊王，使嬰別將擊楚將公杲於魯北，破之。轉南，破薛郡長。」原來魯地一直就沒有被漢軍佔領，灌嬰先前在魯北交戰，沒有攻魯城，而是轉向南方。

《史記》卷五七《周勃世家》說：「追項籍，籍已死，因東定楚地泗水、東海郡，凡得二十二縣。」可見，項羽死後，泗水、東海兩郡還在抵抗。正是因爲魯、泗水、東海還有很多地方忠於項羽，所以樊噲、夏侯嬰等人在垓下之戰的同時，向東北進軍，切斷項羽的北翼。

有不少學者認爲樊噲、夏侯嬰和劉邦關係至密，應該隨時跟著劉邦，也就應該參加了垓下之戰。但是二人的本傳既然都沒說，所以只能先認爲他們沒有參加垓下之戰，以後待考。

在垓下之戰時，項羽還擁有東楚的所有土地，周殷倒戈時佔據的地方只是今安徽省中部地區，所以周殷叛楚並不能給項羽以致命的打擊。有人認爲周殷倒戈給予項羽重要打擊，這是不確切的。正是因爲東楚效忠項羽，所以項羽要一路東撤。所以，即使劉賈等人不佔領壽春，項羽也要朝垓下這一路撤退。

垓下再往東不遠就是盱眙縣境了，這是項羽當年渡淮的地方，是楚懷王

心建都的地方。盱眙縣的東南面，是東陽縣（治今盱眙縣東陽城），這裡是陳嬰的老家。《史記・項羽本紀》說，秦末東陽縣的少年聽說陳勝起義，殺了縣令，強行請陳嬰做他們的領導，有二萬人。陳嬰不敢稱王，帶著手下兩萬人投靠項梁。項梁原有精兵八千，《史記》說項梁到達下邳時的兵力「凡六七萬人」，其中居然有三分之一是陳嬰從東陽帶出的。過去我們過分關注其他來源，忽視「東陽派」在項羽軍隊中的分量。

東陽縣東南不遠就是廣陵縣（治今揚州），這是當年項羽北上渡江的地方。項羽之所以選擇東退垓下，原來是想通過盱眙、東陽、廣陵一線迅速撤回江南的。正是因為項羽沒有想到他會從垓下南渡淮河，所以他陷在陰陵縣的沼澤裏，他對陰陵、東城、烏江這一線的情況很不熟悉。

彭越從梁地向東南進軍，他的部隊很弱，作用只是驅趕項羽東進，不起主要作用。此時的九江王英布早已降漢，隨劉賈南下其故地九江，包圍壽春，招降周殷，《史記》卷五一《荊燕世家》說：「漢五年，漢王追項籍至固陵，使劉賈南渡淮，圍壽春。還至，使人間招楚大司馬周殷。周殷反楚，佐劉賈舉九江，迎武王黥布兵，皆會垓下，共擊項籍。」《史記》卷九一《黥布傳》說：「五年，布使人入九江，得數縣。六年，布與劉賈入九江，誘大司馬周殷。周殷反楚，遂舉九江兵，與漢擊楚，破之垓下。」因為劉賈、英布、周殷在淮南耽誤了很多時間，所以沒有能夠堵截項羽東撤。以這三支部隊，加上劉邦的本部，足以將項羽堵截。如果能夠堵截項羽，那麼最後的決戰不可能發生在垓下，而只能在更西的地方。

為什麼要屠城父呢？因為城父是項羽東撤的必經之路，城父的堅守阻擋了漢軍迅速追擊項羽，所以漢軍在攻下城父後，要屠城報復。這也解釋了為什麼項羽能夠從陳東撤到幾百里外的垓下。有些人不清楚項羽部隊裏有精良的騎兵，也沒注意劉賈、英布、周殷等人膠著在城父，因而耽誤了追擊項羽，就武斷地認為項羽決不可能撤到幾百里外的垓下，這是沒有細研原著所致。

那麼是誰讓項羽被圍困在垓下，不能東退到盱眙的呢？

三、韓信是垓下之戰的關鍵

《史記・淮陰侯傳》花了大量篇幅描述韓信進軍垓下之前接受說客游說的過程，先是項羽派了盱眙人武涉來游說韓信投楚，韓信是淮陰縣人，

和武涉算是同鄉，可見項羽用心良苦。但是游說不成功，後來又有齊人蒯通游說韓信「三分天下」，坐山觀虎鬥，又被韓信拒絕。韓信當時佔有齊地，蒯通的用意暫且不論，但是從蒯通的描述來看，韓信當時確實有三分天下的實力。司馬遷雖然有時繪聲繪色地描述細節，但是絕不會把筆墨浪費在無用的事件上。之所以要記述這些事件，因爲正如司馬遷所說：「天下權在韓信。」韓信是楚漢最後一戰的關鍵人物，其他人都是配角。《史記・季布傳》欒布說：「且垓下之會，微彭王，項氏不亡。」這裡過分拔高了彭越在垓下之戰中的地位，因爲彭越曾經有恩於欒布，彭越遭到梟首後，欒布來祭奠他，劉邦準備烹殺欒布，欒布死前進言，爲了強調彭越過去的功績，不得不這樣說。

因爲劉邦再次陷入進退兩難的境地，張良再次使出封王的計策，封給韓信的是陳縣以東到海，相當於今天淮河流域的北半部，張良特別提到其中包括韓信的老家淮陰，淮陰在淮河南岸，所以其中應該還包括淮河南岸的不少地區。而封給彭越的地方不過是睢陽縣以北至穀城，主要是今山東省西南部地區。

韓信的封地不僅廣闊，而且人口眾多，包括沿海的鹽場，經濟地位十分重要，更重要的是，這裡還是楚漢時期眾多風雲人物的故里。而彭越的封地不僅地方小，而且中間有巨野澤等大片沼澤。

這當然是因爲韓信當時佔領的地方大，兵力強，還有一個更重要的原因，就是韓信地處東方。韓信從齊地出兵，直當項羽東逃的大路。而彭越、劉邦本部、劉賈等都是從項羽的後面追擊。以項羽手下精壯的騎兵，漢軍是不一定能夠追上的。俗話說，困獸猶鬥，窮寇莫追，項羽的逃跑速度也不會慢。但是如果有韓信從東面迎頭攔擊，那麼項羽就很難安全逃亡淮南和江南，所以說韓信是最關鍵的人物。

韓信進軍的路線正是從下邳向西南，經過取慮縣（治今靈璧縣高樓鎮潼郡村），到達垓下。《淮陰侯傳》說：「漢王之困固陵，用張良計，召齊王信，遂將兵會垓下。項羽已破，高祖襲奪齊王軍。漢五年正月，徙齊王信爲楚王，都下邳。」可見下邳的地位極爲重要。

《灌嬰傳》說：「齊地已定，韓信自立爲齊王，使嬰別將擊楚將公杲於魯北，破之。轉南，破薛郡長，身虜騎將一人。攻博陽，前至下相以東南僮、

取慮、徐。度淮，盡降其城邑，至廣陵。項羽使項聲、薛公、郯公復定淮北。嬰度淮北，擊破項聲、郯公下邳，斬薛公，下下邳，擊破楚騎於平陽，遂降彭城。」

灌嬰佔領了今天江蘇北部，但是淮北地區重新被項羽佔領，於是灌嬰回軍在下邳和楚軍大戰，因為勝利地俘虜了楚軍統帥，並佔領下邳，這才佔領了項羽的首都彭城。這也可見下邳是極為重要的地方，因為下邳地處沂水和泗水交界處，北通山東，西通中原，南通江淮，所以成為政治中心。韓信必然從下邳出兵，直向西南出兵，剛好在垓下遇到東退的項羽，於是把項羽堵在這裡了。

《史記·高祖本紀》說：「五年，高祖與諸侯兵共擊楚軍，與項羽決勝垓下。淮陰侯將三十萬自當之，孔將軍居左，費將軍居右，皇帝在後，絳侯、柴將軍在皇帝後。項羽之卒可十萬。淮陰先合，不利，卻。孔將軍、費將軍縱，楚兵不利，淮陰侯復乘之，大敗垓下。項羽卒聞漢軍之楚歌，以為漢盡得楚地，項羽乃敗而走，是以兵大敗。」可見韓信的兵力最多，而且首先出兵，最後也是韓信再次出擊，結束了垓下之戰。

這裡說項羽聽到漢軍的楚歌，以為漢人佔領了全部楚地，於是突圍而走。這個說法不會沒有根據，垓下之戰後有很多楚軍俘虜，所以這個說法無疑是從垓下俘虜的楚軍傳出的，反映了楚軍人心渙散。還有學者對此不能理解，認為劉邦、韓信和漢軍的上層都是楚人，那麼漢軍會唱楚歌不是很正常嗎？

其實漢軍的上層有很多楚人不等於漢軍的士兵都是楚人，漢軍的士兵應該主要不是楚人，而是劉邦從關中東進後的新得士兵。而且司馬遷在《史記·貨殖列傳》明確地把楚地分為三部分：西楚、東楚、南楚，項羽雖然自稱西楚霸王，但是他自己是東楚人，他的手下以東楚、南楚人為主，而劉邦的手下基本都是西楚人，只有極少數人如韓信等是東楚人，各地的楚歌不一，項羽聽見的是東楚或南楚的楚歌，而非西楚的楚歌。項羽在擔心東楚已經全被漢軍佔領後，才決定突圍，這也說明他原來是希望把東楚作為他的復興基地。

事實上如果韓信的大軍晚到幾天，那麼項羽已經安全渡過淮河，能夠重新集合東楚的勢力，重振雄風，那時的歷史就是另外一副樣子了。

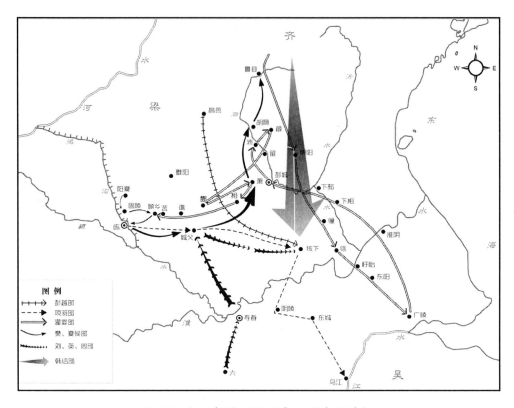

垓下之戰示意圖（周運中、張鑫敏繪）

四、垓下的具體位置

現在我們知道垓下必在今安徽境內無疑，但是具體在哪裏呢？《漢書·地理志上》沛郡說：「洨，侯國。垓下，高祖破項羽。」這個洨縣，據《水經注》，治今安徽省固鎮縣濠城鎮。但是洨縣有一定地域範圍，垓下在其中，不等於垓下就在洨縣治附近，更不能說就是今濠城鎮。

需要說明的是，今天靈璧縣韋集鎮彭溝村有一個垓下遺址，隔河的固鎮縣濠城鎮垓下村也有一個垓下城址，〔註7〕有人說垓下應在濠城鎮的古城是垓下城。〔註8〕我以爲不對，因爲垓下不是洨縣。濠城鎮的垓下村是很晚才改名，老地圖上不存在這個名字。一些研究歷史的人竟也不懂史學的基本方法，不查考老地圖，把今天的誤會當成了歷史。

〔註7〕國家文物局主編《中國文物地圖集·安徽分冊》，中國地圖出版社，2014年，上冊第141、151頁，下冊第84、107頁。

〔註8〕李開元：《楚亡：從項羽到韓信》，第228頁。

垓下不可能在今濠城鎮，因為以下四點：

1. 如果垓下就是洨縣治，或者緊鄰洨縣治，那麼史書就會說洨縣之戰，而不會說垓下之戰，因為垓下是一個聚，或許在漢代之前還不是聚，而洨縣在當時肯定比垓下更有政治地位。

2. 如果項羽在洨縣城附近，他肯定要住進縣城，而不可能選擇垓下聚，說明垓下距離洨縣城還有一段距離。

3. 《水經注》卷三十《淮水》說：「洨水又東南流，逕洨縣故城北。縣有垓下聚，漢高祖破項羽所在也。」說明當時的濠城鎮北面就有洨水，如果垓下在濠城鎮或其南面，那麼項羽撤到垓下時，從東北方來的韓信軍隊還要花時間渡河，項羽怎麼可能被圍堵在垓下？但是如果項羽是在洨水北岸，那麼在韓信大軍到達之時，需要花時間渡河的就是項羽了。項羽撤到垓下，正是在洨水北岸，此時如果渡河，必然會遭到漢軍的邀擊，所以項羽只能就地駐紮。

4. 垓下既然叫垓下聚，那麼一定是一個比較大的聚落，而不是普通的小鄉村。按照一般的經濟地理學常識，一縣之內，縣城以外的另一個大鎮必然要和縣城有一定距離，所以垓下聚不會緊鄰洨縣城。

所以，垓下只能在洨水北岸，今靈壁縣、泗縣境內，而且距離濠城鎮有一定距離。《康熙靈壁縣志》卷一《古蹟》說：「垓下，本漢洨縣……今即濠城。」〔註9〕說洨縣治今濠城鎮是正確的，但是說垓下就是洨縣則是錯誤的。《乾隆靈壁縣志》卷一《市集》說：「濠城集，縣南五十里，即古垓下聚，旁多漢墓。」這句話錯了，該志作者之所以把濠城鎮定為垓下，因為他同時把洨縣治定到今固鎮縣連城鎮旁邊去了，該志《河渠原委》說：

> 酈注言，洨水東南流至洨縣故城北，則洨城在洨水之南可知。今濠城集在澮河北四十餘里，與酈注既不相應，且以洨城與垓下并而為一，亦與《漢志》洨有垓下聚一句文意不相似也。竊疑今連城集北有兩土城相比，正在澮河兩岸，其東南濠岡亦北臨澮河。連城則有城可據，濠岡則因洨得名，所謂洨縣故城，二者或居其一。

由於他把澮河當作洨水，所以引發連環錯誤。但是澮河是《水經注》的渙水，洨水是今沱河（楊圖作潼河，因其下游為潼河），因為渙水流經蘄縣、穀陽等地，而且渙、澮讀音極近，即今澮河無疑。

〔註9〕靈壁縣地方志辦公室整理：《靈壁縣志》，黃山書社，2007年，第68頁。

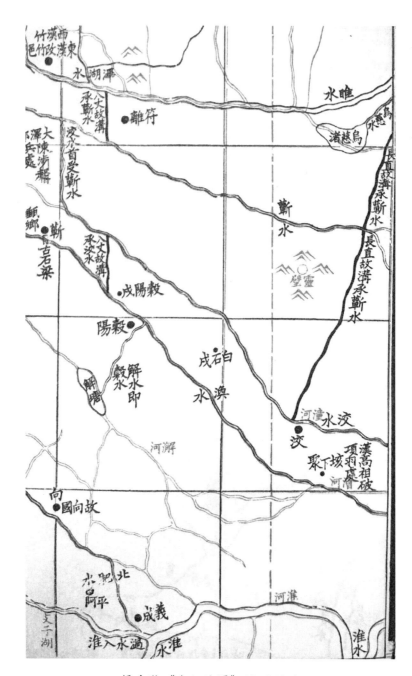

楊守敬《水經注圖》垓下附近

《元和郡縣圖志》卷九宿州虹縣說：「垓下聚在縣西南五十四里，漢高祖
圍項羽於垓下，大破之，即此地也。按漢洨縣，屬沛郡，洨音絞，垓下即洨
縣之聚落名也。《圖經》云項羽墓在縣南六里，按羽死後，高祖以魯公禮葬羽

於穀城，在今鄆州東阿縣界。言在此，俗說之謬也。」〔註10〕虹縣即今泗縣，則垓下在今泗縣西南五十四里。

《太平寰宇記》卷十七宿州虹縣說：「濠城，在縣西南七十八里。即漢洨縣也，屬沛郡。垓下，洨縣之聚落名……垓下在縣西五十里，漢兵圍項王於垓下，大敗之。有廟，在縣西五十里。」〔註11〕

濠城即今濠城鎮，今距泗縣約78里，可見當時的里與現在差不多。這裡說的「縣西五十里」可能是「縣西南五十四里」的脫漏，當時沒有靈璧縣，今泗縣西南五十四里正是泗縣、靈璧縣交界處。

楊守敬《水經注圖》的洨水、澮水標注正確，但是該圖誤把垓下標在洨縣東南面（如圖），〔註12〕在今五河縣，《水經注》沒有說垓下在洨縣南面。

今靈璧縣韋集鎮丁谷村出土漢代弩機、箭頭、錯銀圈、五銖錢、銅洗、寶劍等，1958年，在金銀山墓冢北30米處曾出土過漢代「鎏金硯滴」，屬國家一級文物，現收藏在安徽省博物館。另外還出土玉豬一個、青銅劍3把（遺憾的是已不知去向）。在銀山北約200米處，村民丁玉凡耕地時，挖出漢代護心鏡一塊。〔註13〕

這裡無疑是垓下古戰場，但是該地距離泗縣有六十餘里，超過古書所說的五十餘里。這可能是古人測量不精確所致，何以見得？《太平寰宇記》卷十七宿州虹縣：「潼都城，在縣北百二十里。」即今靈璧縣潼郡村，都是郡的形訛，距今泗縣42千米，不足一百二十里，這是古人測量不精。另外古人的道里是實際行程，而非直線距離，這也是一個原因。

還有一個可能的原因是韓信大軍把楚軍堵截在垓下以西，而夏侯嬰、劉賈、英布、彭越、周殷等人的部隊從西面趕到，戰場綿延數里，所以今劉溝沿村到單胡莊遍佈漢墓，金銀山墓冢只是最大的一座。〔註14〕垓下雖然不可能在今固鎮縣境內，但是為了防止項羽大軍南渡，今固鎮縣境也布置了漢軍，所以垓下之戰可能涉及今靈璧、固鎮、泗縣三縣。

〔註10〕〔唐〕李吉甫撰、賀次君點校：《元和郡縣圖志》，北京：中華書局，1983年，第230頁。

〔註11〕〔宋〕樂史撰、王文楚點校：《太平寰宇記》，北京：中華書局，2007年，第330頁。

〔註12〕〔清〕楊守敬等編繪：《水經注圖》，第321頁。

〔註13〕石亞萍：《尋訪垓下古戰場》，石亞萍：《垓下風雲》，大眾文藝出版社，2010年。

〔註14〕靈璧縣地名委員會：《安徽省靈璧縣地名錄》，1988年，第5頁。

《水經注》還記載了一條連通蘄水、洨水的長直溝，這條河流大體是南北方向的，經過今泗縣、靈璧之間，今泗縣西部的長溝鎮就是得名於這條河流。項羽被劉邦的聯軍包圍在垓下，是否與這條河流阻擋了項羽的去路有關呢？如果韓信的大軍不是從垓下的北面來，而是從長直溝的東面來，那麼項羽就不敢在此渡河，因為在敵軍面前渡河是兵家大忌。由於我們對這條長直溝及韓信軍隊的具體開進路線還不太清楚，所以還有待進一步研究。

五、垓下絕不在今鹿邑縣

《項羽本紀》「至垓下」之下，《索隱》引張揖《三蒼注》云：「垓，堤名，在沛郡。」《正義》按：」垓下是高岡絕巖，今猶高三四丈，其聚邑及堤在垓之側，因取名焉。今在亳州眞源縣東十里，與老君廟相接。」唐代的眞源縣在今河南鹿邑縣，這就是垓下在今鹿邑縣一說的由來。但是這個說法是不可能成立的，因為以下六點：

1. 此說出現較晚，也沒有引用前代文獻，所以缺乏依據。

2. 垓下不是高岡，《索隱》引張揖《三蒼注》：「垓，堤名，在沛郡。」《史記・太史公自序》：「以淮南叛楚歸漢，漢用得大司馬殷，卒破子羽於垓下。作《黥布列傳》第三十一。」《集解》引徐廣曰：「堤塘之名也。」塘的古義就是堤，今天只有海塘保留了這個意思。垓是堤，就不可能是高岡。

舊說九畡為八極，《說文》：「垓，兼垓八極地也。《國語》曰：天子居九垓之田。」今本《國語・鄭語》說：「天子居九畡之田。」韋昭注：「九州之極數也。」但是這個說法無疑不能成立，因為畡從田，一定和田有關。《史記・孝武本紀》說：「壇三垓。」《集解》引李奇曰：「垓，重也，三重壇也。」如果解釋為堤，這兩條都可以理解，九垓（畡）之田就是有九重土堤的田地，壇三垓即壇有三重土堤。上古音的垓是見母之部 gə，界是見母月母 gat，界原義是田界，所以從田，田界往往用土堤標誌，所以界、垓應是同源字。

3. 這裡說垓下緊接著老君廟，這就更不可能是垓下之戰的所在地。因為老君廟早已存在，《漢書・地理志》淮陽國苦縣下說：「東有賴鄉祠，老子所生地。」則西漢就有老子的廟，如果垓下緊接著老君廟，那麼這麼出名的兩大古蹟並列在一地，為什麼早期的文獻從未提及？

4. 鹿邑縣的老君廟在《水經注》卷二三《陰溝水》有詳細記載，但是廣徵博引、考訂精詳的酈道元居然隻字不提垓下，倒是在卷三十《淮水》記載

了在今安徽的垓下，而且指明就是楚漢垓下之戰所在。

5. 鹿邑縣在固陵東面，在陳的東北，項羽既然在固陵回擊漢軍，又在陳和漢軍大戰，怎麼會向東北進軍到垓下呢？此時彭越正要南進，韓信也要西進，項羽向北進軍不是正往漢軍的包圍圈裏鑽嗎？韓信、彭越的兵力極強，還有劉賈、周殷的合擊，還有劉邦在後追擊，項羽不可能不畏懼三分。

6. 鹿邑縣遠離淮河，今天和淮河隔著四五個縣，古代也是這樣。項羽突圍的垓下如果在今鹿邑，怎麼可能迅速地渡過淮河？而且項羽如果從鹿邑突圍，到陰陵、東城諸縣，必經城父、壽春，而城父、壽春已經被劉賈攻佔，淮南西部也隨著周殷倒戈，那麼項羽是怎麼突破這一地區的呢？

那麼近年有些學者是怎麼論證垓下在今鹿邑縣的呢？有學者認爲垓下之戰就是陳下之戰，鹿邑縣就在淮陽縣之東，所以垓下在今鹿邑，至於渙縣的垓下的產生是因爲錯把潁河的支流交水弄錯了。〔註15〕不久，即有學者回應，指出垓下、陳下是兩場戰爭，而且不存在潁河的支流交水，《水經注》只說潁河、渠水的交匯點叫交口，在今河南省沈丘縣。〔註16〕此後還有學者把垓下之戰和陳下之戰混爲一談，又把很晚才出現的傳說當作信史，〔註17〕這當然都是錯誤的。

陳可畏提出垓下在陳縣，可惜他連陳下之戰都不知道，就說垓下之戰緊接固陵之戰，垓下離固陵不遠。他說靈璧縣東南是古蘄水、古渙水、澮水、沱水、唐水的河網地帶，「既無進攻和防守，更不適於大兵團作戰。」但是古蘄水、古渙水和現在的澮水、沱水、唐水怎麼能穿越時空來交匯成河網呢？上文說過沱河就是渙水，而古蘄水分明流經今靈璧縣中部而非東南。靈璧縣東南以平原爲主，正是大軍作戰的佳地。垓下是臨時出現的戰爭地點，並非早就選好的地方。

陳文連《史記》的史料都沒有引全，就說「《史記》、《漢書》都沒有圍困垓下的諸侯軍進軍到汶縣一帶的記載。」這裡汶縣是渙縣的訛誤，說《史記》沒有這樣的記載是難爲司馬遷，因爲《史記》沒有《地理志》，所以司馬遷怎麼標注呢？而說《漢書》沒有這樣的記載是錯誤的，本文開頭就引了《漢書·

〔註15〕蘇誠鑒：《垓下戰場在河南不在安徽》，《安徽師範大學學報》1979 年第 2 期。

〔註16〕魏嵩山、鄒逸麟：《垓下在安徽不在河南》，《安徽師範大學學報》1979 年第 4 期。

〔註17〕馬義龍：《楚漢相爭之固陵之戰與垓下之戰地望考辨》，《周口師專學報》1998 年第 1 期。

地理志》的明確記載。陳文又說垓下在陳縣是《史記》、《漢書》都明確記載，但是我們知道《史記》、《漢書》根本沒有說。

陳文又引《大清一統志》陳州府《山川》記載，說陳縣北部有很多山、嶺、岡，「自然會有高崗絕岩。」但是地名有山、嶺、岡，不能證明當地有「高崗絕岩」，淮陽縣一帶根本沒有什麼「高崗絕岩」，陳文還說《太平寰宇記》記載的魏伐陳的貯糧臺是垓下之戰的遺物，〔註 18〕這是作者的主觀推測。陳文的結論反映在《中國史稿地圖集》修訂版，該圖集初版的垓下位置正確地畫在今靈壁縣南，〔註 19〕陳可畏主持的修訂版把垓下誤畫在今淮陽縣。〔註 20〕

施丁先生指出，班固撰寫《漢書》時距離垓下之戰不過百餘年，所以班固說垓下在洨縣應該可信，而且今鹿邑縣所在的苦縣此前已經為漢軍攻佔，項羽怎麼會跑到漢軍地區呢？〔註 21〕

最近有學者提出所謂的鹿邑說新證，認為項羽如果從城父縣向東撤退，那麼追擊的彭越、韓信、劉邦諸軍「豈能不追擊而至」？又認為項羽的軍隊以步兵為主，如果能夠撤退到今靈壁縣東南的垓下，要行軍 500 里，那麼為什麼到達垓下時還能保持十萬之眾？又提出項羽突圍後的隨從從八百多騎減少到百餘騎，說明垓下距離淮河不會很近。〔註 22〕

其實這三個所謂的新證都不能成立，因為韓信、彭越的軍隊不是和劉邦同一線路，項羽的軍隊有很多極為剽悍的騎兵，所謂「騎從者八百餘人」、「騎能屬者百餘人耳」不都是騎兵嗎？上文說到，項羽手下有很多最精良的樓煩騎兵。項羽突圍後的隨從損耗很多，因為當時漢軍派了五千騎兵追擊，一路上有自然險阻，或許還有人留下掩護，還有人倒戈投漢，所以隨從的大量減少不能證明離淮河較遠。因為形勢不同，在項羽從陳地東撤時，還有數萬大軍，而且有可能撤退到淮南或江南。但是從垓下突圍時，敗局已定，那麼人心自然渙散，此時的隨從損耗速度當然比和從陳地撤退到垓下時的隨從損耗速度快得多。

該學者又認為《史記・灌嬰傳》說「遂降彭城，虜柱國項佗。降留、薛、

〔註 18〕陳可畏：《楚漢戰爭的垓下究竟在今何處》，《中國史研究》1998 年第 2 期。

〔註 19〕郭沫若主編《中國史稿地圖集》，中國地圖出版社，1979 年，第 28 頁。

〔註 20〕郭沫若主編《中國史稿地圖集》，中國地圖出版社，1996 年，第 28 頁。

〔註 21〕施丁：《陳下之戰與垓下之戰》，《中國社會科學院研究生院學報》1998 年第 6 期。

〔註 22〕葉永新：《垓下在河南鹿邑不在安徽靈壁新證》，《黃河科技大學學報》2004 年第 3 期。

沛、酇、蕭、相，攻苦、譙，復得亞將周蘭」這一句話不能證明漢軍已經佔領苦縣，其實上文已經說過，項羽是不可能往漢軍的包圍圈裏鑽，這和苦縣是否爲漢軍佔領無關。而且既然苦縣以東的留、薛、沛、酇、蕭、相、彭城已經被漢軍佔領，那麼即使苦縣還在楚軍手中，又能有何作爲呢？所以糾結於苦縣是否爲漢軍攻佔，沒有意義，不能證明垓下在何處。

《隋書・地理志下》彭城郡（治今徐州）說：「穀陽，後齊置穀陽郡，開皇初郡廢。又有己吾、義城二縣，後齊併以爲臨淮縣，大業初併入焉。」這個穀陽縣在今固鎮縣，據《新唐書・地理志二》與《太平寰宇記》卷十七宿州蘄縣，這個穀陽縣在唐高宗顯慶元年（656 年）併入蘄縣（治今宿州蘄縣鎮）。離這個穀陽縣不遠，還有一個谷陽縣，《隋書・地理志中》譙郡（治今亳州市）下說：「谷陽，後齊省，開皇六年復。」這個谷陽縣是今河南鹿邑縣，《新唐書・地理志二》亳州下說：「眞源，望。本谷陽，乾封元年（666 年）更名。載初元年（689 年）曰仙源，神龍元年（705 年）復曰眞源。有老子祠，天寶二年（743 年）曰太清宮。又有洞霄宮，先天太后祠也。」這個谷陽縣在唐高宗時改名眞源縣，李唐皇室自稱老子之裔，影響很大，所以有人把垓下所在的東穀陽縣（治今固鎮）誤會成西谷陽縣（治今鹿邑），更有好事者荒唐編造出垓下緊鄰老子廟的不經之談。因爲西谷陽縣在唐初改名，東谷陽縣在隋代撤銷，所以唐代人才會混淆兩個谷陽縣的古蹟。

萬曆十一年（1583 年）姜士昌立、莫與齊書「戲馬臺」碑

徐州戲馬臺「拔山蓋世」題刻

徐州戲馬臺雄風殿（周運中攝於 2007 年 8 月 7 日）

從楚漢之際浙江王再評項羽自刎

自來秦郡聚訟紛紜，不過過去從來沒人提過浙江郡。近王偉、章宏偉先生根據「浙江都水」秦印，比「琅邪都水」、「東晦都水」「齊郡都水」「長沙都水」秦印例，認爲秦有浙江郡。〔註1〕后曉榮先生認爲此印是會稽郡所轄的浙江縣印，位置無考。〔註2〕前人已有推進，但是仍有爭議。那麼浙江郡是否存在呢？如果存在是何時設立？地域範圍在哪裏呢？

一、陳嬰、陳賀平定浙江王

浙江在《史記・高祖功臣侯者年表》出現了兩次：

1. 堂邑侯陳嬰條說：

> 四歲，項羽死，屬漢，定豫章、浙江都浙自立爲王壯息，侯。

2. 費侯陳賀條下說：

> 擊項羽有功，爲將軍，定會稽、浙江、湖陽，侯。

陳嬰、陳賀兩條中的浙江，都不是指浙江流域，因爲沒有這樣的體例，《高祖功臣侯者年表》都是以所定郡縣論功。結合《史記》和秦印，秦漢之際確實有浙江郡。

浙江郡和豫章郡、會稽郡並列，顯然是一個郡，有一個建都浙地、自立爲王的人叫做壯息。壯息建都的地方可能叫浙縣，可惜無考，應在浙江（今

〔註1〕 王偉：《秦置郡補考》，2009 年 4 月 17～20 日四川大學紀念徐中舒先生誕辰 110 週年國際學術研討會發表。章宏偉：《秦浙江郡考》，《學術月刊》2012 年 第 2 期。

〔註2〕 后曉榮：《秦代政區地理》，社會科學文獻出版社，2009 年，第 415 頁。

錢塘江）流域。

《史記‧灌嬰傳》說：「渡江，破吳郡長吳下，得吳守，遂定吳、豫章、會稽郡。」秦和西漢穩定時期只有會稽郡，治吳縣（治今蘇州市）。這裡吳、會稽二郡並存，吳郡也是秦漢之際的混亂中自立為郡。

吳郡在楚國統治時期遷來大量楚人，是楚人在江東的統治中心。《史記‧春申君列傳》：「春申君因城故吳墟，以自為都邑。」《越絕書》卷二《記吳地傳》記載春申君與其子統治吳地十六年，修道路，建宮殿、市場、倉庫、官署，治陂塘，還造了一個城門叫楚門。因為吳地楚化，項梁、項羽就逃亡在此，因此文化早已和會稽有很大差異。

浙江郡很可能在錢塘江流域，其南是會稽郡，其北是吳郡。西漢時，錢塘江干流岸邊的縣只有歙（治今歙縣）、錢唐（治今杭州市）、富春（治今富陽市）三縣，錢塘江支流也只有黟（治今黟縣）、大末（治今龍游縣）兩縣。

錢塘江上游屬鄣郡，鄣郡治所鄣縣，在今安吉，靠近杭州，所以浙江郡很可能不但有錢塘江下游，還有鄣郡很多地方。這一帶本來是蠻、越等族居住地，又被嬴政短期內強制移來很多越人，容易在秦末混亂，這可能就是地方豪強自立浙江郡的由來。

鄣郡在秦漢之際屬於項羽的西楚九郡，[註3] 但是項羽恐怕很難真正管理到這一帶。因為項羽的根據地是楚人開拓較早的太湖平原，不是越族聚居的丘陵地區。項羽分封不久，各地紛紛反叛，這時他疲於應對中原局勢，更不可能有餘力管理江南的山區。

因為鄣郡的一些地方，特別是郡治鄣縣，屬於浙江郡，所以我們在楚漢之際的記載中看不到鄣郡。當然，也有可能是越人自立為郡，浙江郡也管不到，史書記載缺失。

二、湖陽城在湘湖之北的城山

陳賀定會稽、浙江、湖陽，我認為，湖陽就是固陵，《越絕書》卷八《記地傳》說：

> 浙江南路西城者，范蠡敦兵城也。其陵固可守，故謂之固陵。
> 所以然者，以其大船軍所置也。

〔註3〕 周振鶴：《楚漢諸侯疆域新志》，《周振鶴自選集》，廣西師範大學出版社，1999年，第 36 頁。

浙江南岸的西城，是范蠡屯兵之地。山陵險固，故名固陵，這裡還可以停泊大船。

固陵，其實就是西陵，湘湖就是西城湖，〔註4〕在今蕭山城西南的湘湖西北的越王城，建在城山的山頂上。城山高 151 米，是這一片小山的最高峰。越王城內多春秋戰國文物，年代吻合。城牆至今保存完好，唯一的城門在東部。〔註5〕湘湖原來不在內陸，連通錢塘江口的海灣，所以能停船。湘湖西南角，靠近城山的跨湖橋村，有重要的新石器時代遺址，2002 年考古發現了 8000 年前的獨木舟。

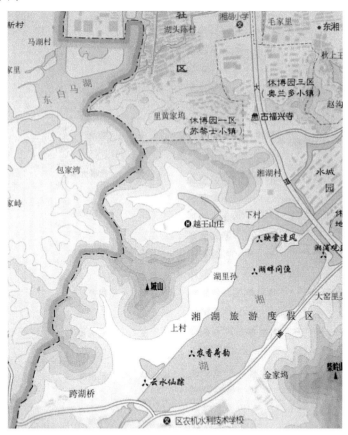

今蕭山的城山、湘湖位置圖〔註6〕

〔註4〕〔清〕楊守敬等編繪：《水經注圖》，第 400 頁。

〔註5〕林華東：《越國固陵城考》，《浙江方志》1987 年第 4 期、《東南文化》第三輯，1988 年。收入林華東、林盈盈：《秦漢以前古杭州》，杭州出版社，2011 年，第 208～213 頁。

〔註6〕《蕭山地圖集》編纂委員會：《蕭山地圖集》，中國地圖出版社，2011 年，第 2 頁。

《吳越春秋》卷七《句踐入臣外傳》說：

> 越王句踐五年五月，與大夫種、范蠡入臣於吳，群臣皆送至浙
> 江之上。臨水祖道，軍陣固陵。

《水經注》卷四十《漸江水》：

> 浙江又逕固陵城北，昔范蠡築城於浙江之濱，言可以固守，謂
> 之固陵，今之西陵也。浙江又東逕粗塘，謂之粗瀆。昔太守王朗拒
> 孫策，數戰不利。孫靜說策曰：朗負阻城守，難可卒拔。粗瀆去此
> 數十里，是要道也。若從此出，攻其無備，破之必矣。策從之，破
> 朗於固陵。有西陵湖，亦謂之西城湖。湖西有湖城山，東有夏架山。
> 湖水上承妖皋溪，而下注浙江。

西陵，在蕭山之西得名。是浙江最重要的渡口，聯結杭州和紹興。所以陳賀
的戰功中，有湖陽一條。

酈道元說此山名為湖城山，固陵城正是在湘湖之北，所以名為湖陽。山
城都很險固，所以固陵本來不通，疑原應是湖陵。湖、固，音近。陽、陵形
近，湖陽也有可能湖陵之訛。

嘉泰《會稽志》卷一《古城》：

> 蕭山越王城，在縣西九里。夏侯曾先《地志》云，吳王伐越，
> 次查浦，越立城以守查，吳作城於浦東以守越。以越在山絕水，乃
> 贈之以鹽。越山頂有井，深不可測，廣二丈餘中，多魚。乃取鯉一
> 雙以報吳，吳知城中有水，遂解軍而去。其山四周皆高，隱然有城
> 塹遺址，其中坦平，井泉湛然。

> 西陵城，在蕭山縣西一十二里。皮光業《吳越武肅王廟碑》云，
> 漁浦竈石，翼張下營。蕭山西陵，鱗次列砦。則西陵即王屯兵之所，
> 今城基在明化寺之南，居民猶有得其斷磚遺甓者。初武肅王既都錢
> 塘，僭名西都，以為西陵非吉語，遂改曰西興雲。

湘湖，古代稱為查浦，酈道元說到粗塘，粗即楂，說明原來連通江海。陳橋
驛認為西陵湖是城山之北的白馬湖，酈道元混淆了西陵湖和西城湖。〔註7〕前
引林華東之文指出，今西興鎮附近無山，也沒有上古文物，原來是江灘，所
以酈道元說的城就是越王城。

〔註7〕陳橋驛：《論歷史時期浦陽江下游的河道變遷》，《歷史地理》創刊號，上海人
　　　民出版社，1981年。

三、項羽自刎的再評價

壯息，不姓壯，應姓莊，是楚莊王的後代。浙江姓莊的人很多，最有名的是漢代的莊光，也即嚴子陵。

莊息是楚國的宗室，所以他在浙江起兵，自立爲王。從莊息在浙江流域自立爲王來看，項羽在烏江自刎也是別無選擇，因爲當時的江南早已爲各自割據，壯息不過是其中較大的一支。

前人對項羽烏江自刎的評價很高，李清照《夏日絕句》詩云：「生當作人傑，死亦爲鬼雄。至今思項羽，不肯過江東。」難得李清照在炎夏酷暑時，還能有如此斬釘截鐵的口氣。

但是仔細想想，以項家三代坎坷才終於推翻秦朝的毅力，項羽豈能輕易自刎？他肯定想過江東，但是恐怕覺得已經難以收拾江東的紛亂局面了。

項羽曾經把楚懷王之孫也即義帝趕到江南，派人暗中殺害，失了楚地的人心。他不是楚國的宗室，卻殺害楚王，楚國的宗室能不恨他嗎？或許這些江南的楚國宗室早已起兵反抗項羽，只不過不能對他形成心腹之患，也遠離中原，所以史書沒有記載。項羽之所以失敗，可能因爲他不僅在北方不得人心，即使在江南也早已喪失了根基。

所以我們對項羽烏江自刎也應該再作評價，應該看到項羽是迫不得已，而不能對他作文學想像，一味讚頌。

高密爲何稱假密？

在劉邦、項羽爭奪天下的戰爭中，韓信起了最關鍵的角色。韓信最重要的功勞是在劉邦中原大敗時，一舉攻佔齊地，不僅控制了東方最重要的地方，而且從背後包抄了項羽。項羽南逃時，韓信還從齊地率大軍趕來，在垓下堵住了項羽的去路，使劉邦最終打敗了項羽。

而韓信在平定齊國的過程中，最重要的戰爭是高密之戰。《史記》卷九二《淮陰侯傳》：

> 信已定臨菑，遂東追廣至高密西。楚亦使龍且將，號稱二十萬，救齊。齊王廣、龍且并軍與信戰，未合……遂戰，與信夾濰水陳。韓信乃夜令人爲萬餘囊，滿盛沙，壅水上流，引軍半渡，擊龍且，詳不勝，還走。龍且果喜曰：「固知信怯也。」遂追信渡水。信使人決壅囊，水大至。龍且軍大半不得渡，即急擊，殺龍且。龍且水東軍散走，齊王廣亡去。信遂追北至城陽，皆虜楚卒。漢四年，遂皆降平齊。

韓信打敗了項羽的二十萬援軍，一舉平齊。而《史記・曹相國世家》記載這場戰役說：

> 已而從韓信擊龍且軍於上假密，大破之，斬龍且，虜其將軍周蘭。定齊，凡得七十餘縣。得故齊王田廣相田光，其守相許章，及故齊膠東將軍田既。韓信爲齊王，引兵詣陳，與漢王共破項羽，而參留平齊未服者。

顯然，上假密就是高密。裴駰《集解》引文穎曰：「或以爲高密。」司馬貞《索隱》：「《漢書》亦作假密，按：下定齊七十縣，則上假密非高密，亦是齊地，

今闕。」司馬貞說上假密是另一個地方，顯然不對，上假密就是韓信打敗龍且之地，肯定是高密，不可能是後續戰爭中的不重要的地方。

那麼高密為何又稱上假密呢？

近有人忽生一解，說西漢北海郡有密鄉縣，下游又有膠東國的下密縣，高密在上游，是一個新的、非正式的密邑，故名上假密。〔註1〕

此說顯然不通，首先是缺乏證據，何以見得高密是晚出呢？戰國已有高密地名，而上古史書有缺，不知起源何時。又為何說新的、非正式的密就是假的密？此說認為高密是假密，誤以為假是真假的假。其實上古人習用通假字，地名往往記音。考證地名不能望文生義，考據學的基礎是語言文字學，要考慮到古代音韻和文字。

假的上古音是見母魚部，讀音接近 ka，而高的見母宵部，讀音接近 kô。非常近似，所以假密是高密的通假而已。

南宋陸游《老學庵筆記》卷六說：

> 四方之音有訛者，則一韻盡訛。如閩人訛「高」字，則為「高」為「歌」，謂「勞」為「羅」。〔註2〕

這條記載，非常重要，告訴我們，福建人讀高為歌，讀勞為羅。上古音的歌，在歌部，王力擬為 ai，鄭張尚芳擬為 al，上古音的羅也是歌部。

現在閩語仍然保留了歌、豪兩韻不分的特點，見下表：〔註3〕

閩語片	閩東	莆仙	閩南	閩北	閩中	潮汕	海南
代表點	福州	莆田	廈門	建甌	永安	潮州	文昌
哥	ko	ko	ko	ko	kuu	ko	ko
糕	ko	ko	ko	kau	kuu	ko	kau

漢人主要從浙江、江西兩路進入福建，所以閩語受到吳語、楚語的影響最大。吳語對閩語的影響，最為顯著，前人關注最多。李如龍先生曾經研究過閩方言中的古楚語和古吳語詞彙，找出來自古楚語的 30 條，來自古吳語的

〔註1〕 辛德勇：《歷史的空間與空間的歷史》，第 151 頁。

〔註2〕 〔宋〕陸游撰、李劍雄、劉德權點校：《老學庵筆記》，北京：中華書局，1979年，第 77 頁。

〔註3〕 李如龍：《閩語》，侯精一主編：《現代漢語方言概論》，上海教育出版社，2002年，第 211 頁。

15 條，來自古吳楚通語的 5 條。〔註4〕可見閩語受到楚語的影響很大，我也用新的證據指出，楚語對閩語的影響很大。〔註5〕

其實閩語也受到山東話的影響。張光宇指出，漢代的華北漢語，分爲東西兩組，閩方言首先受到東部的青徐方言的影響。青徐人首先在六朝南遷到江南，再南遷到福建。閩語中的一些所謂吳語成分，其實是青徐話。〔註6〕

我認爲這個看法非常合理，因爲現在閩南的一些姓氏是典型的上古山東姓氏，比如呂、孫、薛、顏、高、傅、紀、池等，這些姓氏是從山東一路沿海南下，經過江浙到達福建。

有些現在典型的閩語詞，源自古代山東，西漢揚雄《方言》說：

> 蚍蜉，齊魯之間謂之蚼蝼，西南梁益之間謂之玄蚼，燕謂之蛾
>
> 蛘。其場謂之坻，或謂之蛭。

現在閩南語的螞蟻，稱爲蚼蝼，來源是漢代的山東話，燕人謂之蛾蛘，郭璞注：「蛾蛘二音。」說明燕人所說的蛾蛘，接近蚼蝼。關於閩語受到古代山東話的影響，我還有例證，本文不贅，他文再說。

因此，閩語的歌、豪不分，或許也是源自古代的山東。《史記》的高密，又寫成假密，可能就是一個證據。假字雖然在魚部，但是魚部、歌部的韻中相同，都是 a，所以古代山東的歌、宵二部或許也比較接近，這就是高密又寫成假密的原因。

〔註4〕李如龍：《閩方言中的古楚語和古吳語》，1988 年福州首屆閩方言國際研討會發表。收入李如龍：《方言與音韻論集》，香港中文大學中國文化研究所、吳多泰中國語文研究中心，1996 年，第 121～126 頁。

〔註5〕周運中：《閩蜀同風源自楚地考》，李勇先主編：《歷史地理學的繼承與創新暨中國西部邊疆安全與歷代治理研究——2013 年中國地理學會歷史地理專業委員會學術研討會論文集》，四川大學出版社，2015 年，第 32～38 頁。

〔註6〕張光宇：《論閩方言的形成》，《中國語文》1996 年第 1 期。

釋秦得百二、齊得十二

　　司馬遷《史記・高祖本紀》說，漢高祖劉邦六年十二月，有人有告發楚王韓信謀反，劉邦用陳平之計，謊稱要去遊雲夢澤（在今湖北），大會諸侯於陳（今河南淮陽），楚王韓信去迎接，劉邦趁機抓捕韓信。是日，大赦天下。田肯恭賀，因而游說劉邦說：

　　　　陛下得韓信，又治秦中。秦，形勝之國，帶河山之險，縣隔千
　　　　里，持戟百萬，秦得百二焉。地執便利，其以下兵於諸侯，譬猶居
　　　　高屋之上建瓴水也。夫齊，東有琅邪、即墨之饒，南有泰山之固，
　　　　西有濁河之限，北有勃海之利。地方二千里，持戟百萬，縣隔千里
　　　　之外，齊得十二焉。故此東、西秦也。非親子弟，莫可使王齊矣。

田肯說，秦有黃河、秦嶺等山川之險，隔在中原之外千里，有兵士百萬，得百二之地利。齊國，東有琅邪、即墨的富饒，南有泰山的險固，西有黃河爲界，北有渤海魚鹽之利，地方兩千里，兵士百萬，得十二之地利。所以齊王必須要用宗室，劉邦認爲說得很好，賜給田肯黃金五百斤。

　　關於秦得百二之地利，古人的看法就有不同。裴駰《史記集解》引東漢人應劭曰：

　　　　河山之險，與諸侯相縣隔，地絕千里，所以能禽諸侯者，得天
　　　　下之利百二也。

李斐曰：

　　　　河山之險，由地勢高，順流而下易，故天下於秦懸隔千里，持
　　　　戟百萬，秦得百二焉。

蘇林曰：

得百中之二焉。秦地險固，二萬人足當諸侯百萬人也。

蘇林的話，完全是他自己憑空編造。原文沒說二萬人當百萬人，就算是一夫當關萬夫莫開，二萬人當百萬人也不可能簡化爲秦得百二吧！

司馬貞《索隱》引服虔云：「謂函谷關去長安千里爲縣隔。」又按：「文以河山險固形勝，其勢如隔千里也。蘇林曰：百二，百中之二，二十萬人也。」又引虞喜云：

百二者，得百之二。言諸侯持戟百萬，秦地險固，一倍於天下，故云得百二焉，言倍之也，蓋言秦兵當二百萬也。齊得十二亦如之，故爲東西秦，言勢相敵，但立文相避，故云十二。言餘諸侯十萬，齊地形勝亦倍於他國，當二十萬人也。

虞喜的話，開頭看似抄襲蘇林，但是下文又不同，他說秦兵是一百萬人當二百萬人，相當於東方一倍的實力，所以說百二。他的意思是百二是二百，就是兩倍。但是按照他的意思，十二是二十，也即兩倍。

但是爲何要用二百、二十兩種表述來說兩倍這一個意思呢？他不能解釋，所以他說，這是爲了修辭的避免重複。

這顯然有漏洞，如果秦、齊都是兩倍於敵人，那田肯的話還有意義嗎？秦、齊在中原的東西兩端，本來是對立面，如果秦、齊旗鼓相當，田肯的話不是自相矛盾？田肯的原話，顯然明確說秦的力量更強，所以百二、十二不可能都是指兩倍，所以虞喜的解釋有誤。虞喜的思路是從蘇林來的，蘇林的思路本來有誤，虞喜想爲之完善，自然也不可能得到正解。

近忽有人新創一解，說百二是百上之訛，百上是百中之上選，十二是十中之上選。〔註1〕又說徐州龜山西漢楚王墓的塞墓石，開頭寫：「第百上石。」意思是無與倫比的四條。又提到西漢梁孝王李后墓塞石，不同石塊有數字編號，有「西宮東北旁第一三」、「西宮東北旁第二二」、「第一北」、「第二北」等。〔註2〕

我以爲此說不通，原因是：

1. 證據不足，缺乏史料，出自臆想。

〔註1〕 辛德勇：《釋百二》，收入辛德勇：《歷史的空間與空間的歷史》，第 164～167 頁。

〔註2〕 辛德勇：《龜山楚王墓塞石刻銘與秦地所謂「百二」形勝》，《歷史地理》第二十五輯，上海人民出版社，2011 年。收入辛德勇：《石室賸言》，第 218～224 頁。

2. 龜山楚王墓的百上是孤證，既然諸侯王墓的塞墓石有數字編號，則第百上石反而很有可能第百二石的訛誤。

3. 文意不通，百中之上選、十中之上選，我們在古書或現實生活中是否有這樣表述的例子？有百里挑一之說，未聞百里挑上之說。

4. 如果按照此解，秦是百中之上，齊是十中之上，因為上沒有數量標準，僅是形容詞，如何看出秦超出齊呢？

5. 戰國已經僅有七雄，何來十國、百國之說？

所以百二為百上之訛，不僅不能成立，完全不合原文。第百上石顯然是數字編號，更證明了百二的正確。

徐州龜山楚王墓內景（周運中攝於 2007 年 8 月 5 日）

我以為，百二、十二很好解釋，百二就是一百二十倍，十二就是十二倍。本來是很簡單的意思，所以應劭等人不去解釋，被蘇林、虞喜等後人搞複雜了。秦有一百二十倍的地利，齊有十二倍的地利，秦自然勝過齊十倍，田肯想表達的就是這個意思。

秦的東面不僅有黃河之險，還有山嶺之險，而齊的西面僅有黃河之險，齊國的西部一馬平川，自然守不住，這就是秦國十倍於齊國地利的原因。田

肯說秦國隔在中原之外千里，指從中原很難到達關中。應劭的解釋正確，但是李斐僅強調了往上航行的不便，也可能是李斐對應劭的補充，或許後人引用時把李斐和應劭相同的解釋內容刪去。

齊國的十二倍地利，來自魚鹽之利，這是中原韓趙魏等國缺乏的資源。趙國東部雖然也靠海，但是沿海地域很小，原來人煙稀少，原來屬於燕、齊，還要受到燕、齊的威脅，完全不能和燕、齊、楚的沿海資源相比。

百二就是一百二十的簡稱，後世把一百零二稱為一百二，但是上古則稱為一百又二、一百有二，不能混淆。

一百二十，簡稱為百二。現在還是閩南話的常見用法，閩南話是中國存古最多的方言，說明百二是古代的用法。閩南人俗語說：「互 hɔ 你 li 食 tsiaʔ 百 paʔ 二 li。」意思是讓你吃到一百二十歲，一百二十簡稱為百二。

所以百二就是一百二十的簡稱，因為「百二之利」符合漢語四字一句的句法習慣，四字一句的習慣可能比《詩經》還要早，本文暫不展開。

秦始皇陵兵馬俑（周運中攝於 2013 年 6 月 17 日）

盱眙古縣考兼論古縣方位考證法

　　縣是中國最穩定的政區，但是在漢唐之間，中國的政區有一個大變動。此時的縣也有很大的變動，所以戰國秦漢的縣和唐代以後的縣有很大不同。仿照古體詩的名稱，我們也可以把源自戰國、定型於秦漢的縣級政區體系稱爲古縣。關於古縣的位置，一般以譚其驤主編的《中國歷史地圖集》爲據。〔註1〕

　　但是近年來有很多研究證明譚其驤主編的《中國歷史地圖集》古縣治所定點多有問題。本文以今江蘇省盱眙縣在漢唐時代縣治的變遷爲例，力圖總結出一些古縣位置考證的方法。

　　關於盱眙縣治的變化，譚其驤有遺稿《歷代盱眙和泗州的治所》，作爲「《中國歷史地圖集》考證三則之一」刊布。〔註2〕此文雖然是 1959 年所寫，但是結論直接反映在他主編的《中國歷史地圖集》第二冊到第五冊上，因此有重要影響。我認爲，譚文考證有誤，本文在譚文的基礎上再作研究，下面先從譚文依據的傳統史料出發。

一、文本辨析與道里核算

　　譚文引南宋王象之《輿地紀勝》卷四四盱眙軍說：「先福寺在郡東二十五里古盱眙城。」又說：「皇城在郡東北二十五里長圍山之側。《寰宇記》云：『古老相傳，謂之皇城，蓋義帝舊都也。』」義帝即項梁所立楚懷王之孫心，《史記》明確說到楚懷王都盱眙，據此則古盱眙城在北宋盱眙城東二十五里。

〔註1〕 譚其驤主編《中國歷史地圖集》，中國地圖出版社，1982 年。
〔註2〕 譚其驤：《〈中國歷史地圖集〉考證三則》，《歷史地理》第二十輯，上海人民出版社，2004 年。

但是譚文接著又引北宋《太平寰宇記》、顧祖禹《讀史方輿紀要》、《大清一統志》說長圍山在縣北七里，按地圖實為東北，古盱眙城也在東北，那麼古盱眙城不能在長圍山旁。《太平寰宇記》卷十六泗州盱眙縣說：「盱眙山在縣東四十里，按阮昇之記云：其山形若馬鞍，遂名馬鞍山，天寶中改為盱眙山。在楚州西南二百三十里。」〔註3〕《輿地紀勝》盱眙軍下說：「馬鞍山在郡南二十五里，或名盱眙山。」為了解決長圍山在縣東北二十五里還是七里的矛盾，譚文說《輿地紀勝》古盱眙城應在盱眙山旁，長圍山誤，他說盱眙山在後世盱眙縣東北二十五里，秦漢時期的盱眙故城在盱眙山旁，長圍山在後世盱眙縣東北七里，東晉到唐初的盱眙城在長圍山旁。他認為盱眙縣移治在東晉末年，唐代又移到現盱眙縣治，那麼事實究竟是否如此？

其實清代成書的《讀史方輿紀要》和《大清一統志》錯誤很多，顧祖禹等清代人看到的古書和我們現代人差不多，他們轉抄方志，絕大多數沒有實地考古印證，很難憑信，二書的長圍山在盱眙縣東七里就是抄今本《太平寰宇記》。《太平寰宇記》卷十六泗州盱眙縣說：

> 長圍山，在縣北七里。按《宋書》云：「元嘉二十七年，宋文帝遣臧質拒魏武帝，遂於梁山築長圍城，楚造浮橋，絕水路。」即此山，又改為長圍山。當在楚州西南一百八十里。

乍看長圍山就在北宋盱眙縣北七里，其實不是。因為這裡的「縣」指古盱眙縣城，不是宋代的盱眙縣城。何以見得呢？我們先從樂史的體例說起，該書盱眙縣下說：

> 東陽山，在縣東七十五里，阮昇之《記》云：「東陽山有池水，一名天井，冬夏水深五丈，今見在。又有故城，不詳所置年代。

其後第10條又說：

> 東陽故城，北至東陽山，周回十里，在縣東七十五。按《史記‧項羽紀》注云：「東陽縣本屬臨淮郡，漢明帝分屬下邳，後復分屬廣陵。」又陳嬰為東陽令史。又云：「楚漢之際，曾以為荊國，封劉賈為荊王。而東陽即此地也。」

東陽山、東陽城都在縣東75里，按今《江蘇省文物地圖集》，東陽城附近只有一個古城，則前者東陽山下的古城就是東陽城，為何在同一本書的前後兩頁裏，前面說古城不知年代，後面又把東陽城的沿革說得很詳細呢？原因很

〔註3〕 〔宋〕樂史撰、王文楚點校：《太平寰宇記》，第318頁。

簡單，古代的總志多是抄襲地方志，所以前後常有矛盾。比如著名的唐代李吉甫《元和郡縣圖志》卷二八宣州涇縣下說：

> 黴嶺山，在縣東南二百五十里。蓋山，在縣西南八十里。

下文又說：

> 太平縣，本涇縣地，天寶四年……割涇縣西南十四鄉置……旌德縣，本太平之地……永泰初……奏分太平置旌德縣……石埭縣……永泰二年洪府都督府李勉奏割秋浦、青陽、旌德三縣，於吳所置陵陽城南五里置。〔註4〕

我們按地圖看，原來元和年間，黴嶺山已經在旌德縣，蓋山已經在石埭縣，二縣是永泰元年（765 年）、二年所設，但是四十年多年後的《元和郡縣圖志》還說在涇縣，這就是總志抄襲地方舊志之誤。

同樣，《太平寰宇記》的長圍山在縣東北 7 里指古盱眙縣城東北，而非後世盱眙縣城東北，只不過是因為樂史抄錄舊志，所以有此錯誤。之所以這麼肯定，因為我們可以根據距離計算出來：

1. 泗州城、盱眙城、古盱眙城、長圍山、楚州城（今淮安市楚州區）都在淮河邊，往來只有一條緊鄰的水陸乾道，所以里數可以加減。除泗州城在今盱眙縣治對岸外，〔註5〕其他都在淮河南岸，從盱眙東部、楚州到泗州必經盱眙城。

2.《太平寰宇記》卷十六泗州下說「東至楚州二百二十里」

3. 同卷盱眙縣下說「去州五里」，即去泗州五里

4. 古盱眙城在宋盱眙城東北 25 里，見上

5. 上引《太平寰宇記》長圍山條說距楚州 180 里

6. 楚州西南行 180 里到長圍山東麓，古盱眙城東北行 7 里到長圍山西麓，長圍山本身有個寬度，設為 3 里

那麼，泗州到楚州 220 里＝泗州到北宋盱眙城 5 里＋北宋盱眙城到古盱眙城 25 里＋古盱眙城到長圍山 7 里＋長圍山東西 3 里＋長圍山到楚州 180 里，可謂絲毫無差！

原來，長圍山是在古盱眙城東北 7 里。同樣，長圍山上條說：

〔註4〕〔唐〕李吉甫撰、賀次君點校：《元和郡縣圖志》，第 683 頁、第 685 頁、第 690 頁。

〔註5〕陳琳：《明代泗州城考》，《歷史地理》第十七輯，上海人民出版社，2001 年。

　　　　樏子山，在縣東一里。按《宋書》云：「元嘉二十七年，宋將
　　臧質屯兵盱眙城內以拒魏師，魏引軍士造弩臺以射城中，因以爲名。」
　　　　按：樏子山在楚州西南百九十四里。

樏子山也是在古盱眙城東 1 里，其距楚州 194 里，也完全經得起核算，因爲
據上計算，古盱眙城距楚州 190 里，加上樏子山本身的寬度，確實是 194 里
左右。譚文說樏子山在縣東 1 里是出於後人附會，其實是沒有對古人記載的
道里進行覆核，也就沒有校正測量的基準點。

　　所以，古盱眙城在宋盱眙城（即今縣）東北 25 里，其周邊即劉宋、北魏
戰場，譚文推測東晉時盱眙縣移治，不能成立。

二、劉宋、北魏戰場的勘察

　　長圍山、樏子山都是因爲劉宋元嘉二十七年（北魏太平眞君十一年，450
年）和北魏在盱眙城邊的惡戰而得名，我們考證古盱眙城的位置，不能不檢
查這場戰爭的史料。

　　因爲戰爭環環相扣，所以不得不抄錄此段全文，《宋書・臧質傳》說：

　　　　虜侵徐、豫，拓跋燾率大眾數十萬遂向彭城，以（臧）質爲輔
　　國將軍、假節、置佐，率萬人北救。始至盱眙，燾已過淮，冗從僕
　　射胡崇之領質府司馬，崇之副太子積弩將軍毛熙祚亦受統於質。盱
　　眙城東有高山，質慮虜據之，使崇之、澄之二軍營於山上，質營城
　　南。虜攻崇之、澄之二營，崇之等力戰不敵，眾散，並爲虜所殺。
　　虜又攻熙祚，熙祚所領悉北府精兵，幢主李灌率屬將士，殺賊甚多。
　　隊主周胤之、外監楊方生又率射賊，賊垂退，會熙祚被創死，軍遂
　　散亂。其日質案兵不敢救，故二營一時覆沒。……三營既敗，其夕
　　質軍亦奔散，棄輜重器甲，單七百人投盱眙。盱眙太守沈璞完爲守
　　戰之備，城內有實力三千，質大喜，因共守。……二十八年正月初，
　　燾自廣陵北返，便悉力攻盱眙，就質求酒，質封溲便與之。燾怒甚，
　　築長圍，一夜便合，開攻道，趣城東北，運東山土石塡之。虜又恐
　　城內水路遁走，乃引大船，欲於君山作浮橋，以絕淮道。城內乘艦
　　逆戰，大破之。明旦，賊更方舫爲桁，桁上各嚴兵自衛。城內更擊
　　不能禁，遂於君山立桁，水陸路並斷。

這段話告訴我們，劉宋盱眙城東面有高山，南面大概比較低平，所以臧質的

大營安在這裡，盱眙城和淮河之間有水道相通，水道旁邊還有一個君山。

譚文引《資治通鑑》說「毛熙祚據前浦」，毛熙祚部與臧質部接近，這也說明臧質營所在的盱眙城南是淮河沿岸的平地。譚文引《輿地紀勝》說前浦又名赤淵浦，即《太平寰宇記》盱眙縣南二里的赤淵浦。其實《太平寰宇記》說：「赤欄浦，在縣城南二里，上作赤欄橋，遂因名。其水淺曲，不通舟楫。」赤欄浦因為上面有個紅色欄杆的橋得名，不是赤淵浦。

按今盱眙縣地形圖和地名圖（如下圖），從今盱眙縣到洪澤湖的淮河沿岸，山丘連綿，緊鄰淮河，今日在這列山丘和淮河之間，只有屬於洪澤縣老子山鎮的龜山兀立在水面。

古今盱眙縣治之間地形圖（左）、龜山、甘泉山之間地名圖（右）〔註6〕

南宋胡三省注《資治通鑑》說：「都梁山之東北則古盱眙城，城臨遇明河，又東徑楊茅澗口，又東北徑富陵河口則君山，魏太武作浮橋於此，自北渡淮。稍東則龜山。」則龜山在君山稍東，但是我們今天在龜山之西找不到一個山丘，所以胡三省所記或有錯誤。

龜字古音是見母之部，君是見母文部，之文通轉，從讀音上來看，龜山

〔註6〕盱眙縣地名委員會編《江蘇省盱眙縣地名錄》的《官灘公社地名圖》，1984年。

可能就是君山。還有一種可能，那就是今龜山是古代的君山，但是古代的龜山是君山東面的一個小山。該地的古今地貌變遷很大，因為黃河奪淮，導致洪澤湖出現，洪澤湖口以上的淮河水位提升，所以古代龜山比現在高出水面很多。古代淮河和丘陵之間的河道，如富陵河等，也完全淹沒在現在的淮河和洪澤湖水下。

不僅如此，2006 年夏，我和南京大學歷史系賀雲翱老師等人一行在洪澤縣本地人的陪同下，到龜山村考察，當地村民還告訴我們龜山因為採石，導致山體縮小。古代的龜山比現在的龜山高大很多，是聳立在淮河邊的重要地標。《元和郡縣圖志》淮南道部分已佚，《輿地紀勝》盱眙軍引其一條為：「軍山在縣北六里。魏太武築長圍困臧質處。」〔註7〕軍山應即君山，軍山在盱眙故城北六里，則君山在長圍山南一里，按諸今日地圖，完全符合。至於《元和郡縣圖志》或《輿地紀勝》說軍山即長圍山，這是稍有混淆，大軍駐紮地域很大，所以一里之差不算是錯。而且長圍山不是一個小山，而是一些山丘，這才能達到圍的效果。

古盱眙城所鄰的遇明河是北宋崇寧二年所開的一條運河，從地形圖可以看出今聖人山、甘泉山之間的聖山湖東面有河道穿過山谷，即遇明河故道。荀德麟先生引《光緒盱眙縣志》「古禹王河，治東北聖人山下」一句認為禹王河即遇明河之訛，禹、遇音近。〔註8〕其實王、明的讀音也很近，聖人山下的古禹王河即遇明，則古盱眙城確實在聖人山西南。宋軍二營所在的高山即今甘泉山，也即檯子山，長圍山即今聖人山。

所以六朝的盱眙縣治仍然在秦漢盱眙故城，沒有移動，譚其驤之所以誤認為東晉移治，因為他不清楚長圍山是在盱眙故城北七里，受了《太平寰宇記》誤導，以為長圍山在後世盱眙縣北七里。因為譚其驤寫作此文時不曾察看盱眙縣地形圖和地名圖，所以他不知道他的考證不符合實際情況，他誤以為君山在今盱眙縣東北六里，其實君山在今盱眙縣治東北三十一里。

不僅如此，他還誤考了盱眙山的位置，其實上引《太平寰宇記》說盱眙山在縣東四十里，下面還有一句話說：「在楚州西南二百三十里。」既然泗州到楚州只有二百二十里，那麼盱眙山一定還在後世盱眙縣南，所以《輿地紀勝》盱眙軍說盱眙縣南二十五里的馬鞍山又名盱眙山，完全可信。

〔註7〕〔唐〕李吉甫撰、賀次君點校：《元和郡縣圖志》，第 1075 頁。

〔註8〕荀德麟：《直瀆禹王河遇明河》，荀德麟主編《洪澤湖志》，方志出版社。

既然盱眙山在後世盱眙縣南，那麼就不可能在今盱眙縣治東北二十五里。現在的這個盱眙山在六朝時叫馬鞍山，唐朝天寶時才改名盱眙山，所以這個盱眙山和盱眙縣故城的位置毫無關係。

因此，六朝時期的盱眙縣治未曾移動，史書中也沒有六朝盱眙移治的任何線索，譚文之所以首創六朝盱眙移治說，因爲他誤考出一個新的盱眙舊治。爲了解決兩個盱眙故城的矛盾，所以他認爲盱眙縣治在六朝時還有一次遷移。

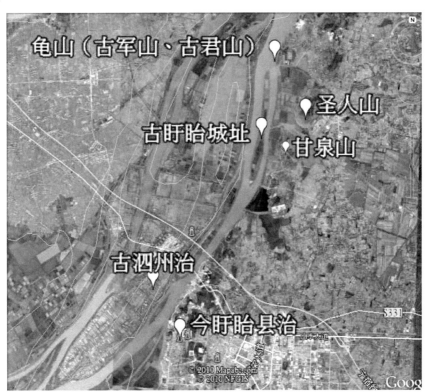

古泗州治、古今盱眙縣治、龜山、聖人山、甘泉山示意圖

三、考古學的證據

譚文引《大清一統志》所引《盱眙縣志》說：「又有漢王城，在縣東北三十里。相近又有霸王城、小兒城，相傳皆項氏立義帝時屯兵處，或以爲漢縣治此。」譚文認爲其中一處即古盱眙城，其實漢王城、霸王城、小兒城距今盱眙城 30 里左右，正好符合古盱眙城距今盱眙城 25 里。小兒城，我疑即盱眙城之音訛，小、盱音近，兒的古音同倪，音近眙。

　　甘泉山西麓的淮河東岸有項王城遺址，據介紹，遺址中心突出四周平地約 1 米，部分浸入水中，遺物有花磚、半筒瓦、大板瓦、繩文圓底罐、素面豆、大缸、大盆等器皿，遺址中有磚井。據發掘報告，項王城遺址地表有大量陶片、磚塊、筒瓦、板瓦，還有蓮花紋瓦當、瓷片及少量硬紋陶片。露出水面的遺址，南北長約 400 米，東西寬約 130 米，面積近 5 萬平米。地層堆積平均深 4 米，以漢代為主。2010～2011 年，發現古城的北城牆和東城牆，北城牆大部被現代碼頭破壞，東牆保留完好。發掘器物從漢到宋，尤以六朝為多，首次發現了可能屬於楚漢相爭時期的墓葬。唐代地層下布滿灰溝，說明唐代已經破壞嚴重。〔註9〕《洪澤湖志》第 458 頁認為是秦漢時代的盱眙故城。這個古城距離今盱眙縣治剛好是 25 里左右，符合古人的里距記載。而且恰好是唐代廢棄，說明盱眙縣城是隋唐從此處遷走。此地是楚懷王都城，恰好有楚漢時期墓葬。

　　不僅如此，在甘泉山南麓有廟門崗漢代遺址，面積 1000 平方米，甘泉山南面有甘泉墓群，東面有卞灣、高營兩個墓群，時代都是南朝到唐代，聖山湖的北部山麓還有王家窪西晉墓。〔註10〕另有官灘鎮高后村漢墓群、李鄧魏晉到隋唐墓群。〔註11〕從漢唐時代墓群的集中程度來看，古盱眙城無疑在今甘泉山西。這都證明漢唐間的盱眙城沒有移動，如果六朝的盱眙城移到別處，那麼附近一定有遺址或墓葬為證，但是古今盱眙城之間沒有任何痕跡。

　　盱眙縣東的東陽縣城遺址附近有很多漢代遺址和墓葬，僅在盱眙縣境內就有老虎山戰國到漢代墓群、大雲山戰國到漢代墓群、圩莊和繆莊漢代墓群、雲山水庫漢代墓群、落星漢代墓群、倉莊漢代墓群、廟塘漢代墓群，另有白龍寺魏晉到明清遺址。很多證據表明，漢晉時代縣治舊址附近，往往有大量同時代墓群和其他遺址。

　　今盱眙縣治北有黃牌街唐宋墓群、廟山唐代遺址，東北有頭墩子唐墓、小陳莊唐代墓群，東有陳營唐宋明時期墓群，南有寶積山唐宋墓群。今縣治附近的遺址和墓葬基本都晚於唐代，只有一個東山晉墓在縣南，這也證明今縣治是唐代以後遷移到此。

〔註9〕馬永強、周恒明：《盱眙項王城遺址發掘》，江蘇省文物局主編《江蘇考古（2010～2011）》，南京出版社，2013 年，第 105～108 頁。

〔註10〕國家文物局主編《中國文物地圖集·江蘇分冊》，上冊第 262～263 頁，下冊第 622～623 頁。

〔註11〕荀德麟主編《洪澤湖志》，方志出版社，2003 年，第 462～463 頁。

四、盱眙縣名的由來

　　1993 年版《盱眙縣志》附錄《盱眙縣名考》一文，先列出歷代《盱眙縣志》中對「盱眙」由來的解釋，萬曆《帝里盱眙縣志》云：盱眙，山名也。蓋秦命縣之始。按《說文》張目為盱，舉目為眙，名山之義本於此乎？後人雲郡在山上，可以眺遠，因是以得名云。清代諸志所云大體相同，光緒《盱眙縣志稿》：「《盱眙圖經》引許慎曰，張目為盱，舉目為眙，因城在山上，可以眺遠。顧氏祖禹、顧氏棟高並承其說。」又引俞正燮《書盱眙縣志後》：

> 盱眙字義為張目直視。盱眙乃單字還音，謂義取登山直望者非也。盱眙乃古善道，《春秋》魯襄公五年會吳於善道，《穀梁傳》注云：善道，吳謂之伊緩。今按，吳言自有本義的音。盱眙地自言善為宜，稻為禾，然則吳名宜禾，中土聞之伊緩，又譯之為善稻，又還音為善道，而伊緩為緩伊，緩伊又為盱眙。

此《盱眙縣名考》把第一種解釋分為「因山命名說」和「字義命名說」兩種，根據《說文》眙為直視的解釋與「舉目為眙」不合，否定「字義命名說」。又認為俞正燮的解釋只是一人之見，轉化過程複雜，似乎不太可能。最後，認可了「因山命名說」。又說萬曆、乾隆縣志均說：「後人云郡在山上，可以眺遠，因是以得名云。」是合理解釋。可見作者還是認同「張目為盱，舉目為眙」說。

　　其實此說不確，西漢揚雄《方言》卷二：「燕、代、朝鮮、洌水之間曰盱，或謂之揚。」〔註12〕原來盱作為看，並非江淮方言，而是漢代的東北方言。

　　俞正燮的說法其實很精闢，只不過敘述不當，又缺乏旁證，致使一般人不敢相信。

　　今按《春秋》襄公五年說：「仲孫蔑、衛孫林父會吳於善道。」《左傳》仍為善道，《穀梁傳》說：「吳謂善伊，謂稻緩。號從中國，名從主人。」

　　《穀梁傳》所記吳越語可信，按西漢揚雄《方言》卷二說：

> 娃，嫷，窕，豔，美也。吳、楚、衡、湘之間曰娃⋯⋯吳有館娃之宮。

上古音中，娃為影母支部，伊為影母脂部，支脂通轉，讀音接近，所以《穀梁傳》所記表示「善」之「伊」實即《方言》之「娃」。

〔註12〕此處原文多有訛誤，參見周祖謨校箋：《方言校箋》，北京：中華書局，1993年，第 11 頁。

　　壯侗語族「稻」字的最初語音形式為 khau，後分化為 k 系、h 系，屬於後系的有武鳴壯族 hau、德宏傣族 xau、西疇壯族 ɣau 等，《說文》：「禾，嘉穀也。」又云：「秏，稻屬。從禾，毛聲。伊尹曰：『飯之美者，玄山之禾，南海之秏。』」禾、秏實際都屬於 h 系，〔註13〕《穀梁傳》所記之「緩」也應該屬於這一系。

　　百越語（侗臺語系）定語置後，所以「善稻」稱「稻善」，也即「緩伊」。《穀梁傳》中並沒有「伊緩」一詞，俞正燮說《穀梁傳》稱「善道」為「伊緩」不確，這是他自己轉述，這樣疊床架屋的解釋讓人覺得繁複。

　　上古音中，盱為曉母魚部 xiua，緩為匣母元部 ɣuan，曉、匣旁紐，魚、元通轉，盱、緩二字的讀音很接近。《春秋》哀公四年「蔡殺其大夫公孫姓、公孫霍」在《左傳》中為「故逐公孫辰而殺公孫姓、公孫盱」，杜預注：「盱，即霍也。」眙、伊音近，盱眙由吳越語緩伊（稻善）而來。

　　盱眙的原義是善稻，原來應該是位於低平的稻田，古代人口稀少，江淮地區沒有必要建造梯田，所以盱眙一名的原義也告訴我們盱眙故城在低平的山前沿淮平原，而不可能在山麓或山上。

五、盱眙縣的移治

　　《太平寰宇記》盱眙縣下說：

> 都梁山，在縣南一十六里。《廣志》云：「都梁山生淮蘭草，一名都梁香草，故以為名。」在楚州西南二百九里。又阮升之《記》云：「都梁山通鍾離郡，廣袤甚遠，出桔梗、芫花等藥。」伏滔《北征記》云：「有都梁香草，因以為名。」……

> 廢臧質城，西近淮水。按《宋書》云：「元嘉二十七年，遣將臧質屯兵於盱眙縣，築城以拒魏師。」隋大業十年，孟讓賊據都梁宮，其年，江都通守王世充修理此城，屯兵破賊。至唐武德六年，輔公祏江南作逆，徐州道副元帥任瓌與李勣等在此屯軍，聚造器械。至七年，破輔公祏以定江南。軍去之後，空廢……

> 都梁驛宮，在縣東南十五里。隋開皇六年，煬帝在都梁山避暑，迴向揚州，因此路置，向東一百一里入揚州高郵界。

這裡說隋末孟讓佔據都梁宮，都梁宮在縣東南 15 里，都梁山在縣東南 16 里，

〔註13〕周振鶴、游汝傑：《方言與中國文化》，上海人民出版社，2006 年，第 108 頁。

在楚州西南 209 里，同樣，都梁山在古盱眙縣東南 16 里，如果是今盱眙縣，按照上文計算，則在楚州西南 231 里，相差 22 里，這是不可能的。則古盱眙城南的臧質城到都梁宮大約 10 里，正是隋軍屯駐的要地，所以隋軍自然要駐紮在此。《隋書》卷八五《王充傳》說：

> （大業）十年，齊郡賊帥孟讓自長白山寇掠諸郡，至盱眙，有眾十餘萬。充以兵拒之，而羸師示弱，保都梁山為五柵，相持不戰。後因其懈弛，出兵奮擊，大破之。

同書卷四《煬帝紀》說：

> （大業十年十二月）庚寅，賊帥孟讓眾十餘萬，據都梁宮。遣江都郡丞王世充擊破之，盡虜其眾。

這裡只說孟讓占都梁宮，不說佔領盱眙城，而且王世充在古盱眙城南的臧質城和都梁山屯軍，說明隋代的盱眙縣仍在舊城。我們可以推測盱眙縣移治在隋末唐初，因為後世的盱眙縣直當汴渠注入淮河的水口，所以地位最為重要。

隋代大運河建好，這個新興的樞紐還沒有城市崛起，但是時間一久，必然要取代原有的縣城。在大運河修建前，傳統的南北水路是走泗水，原盱眙縣治是南北陸路和淮河的交匯點，和泗水有很長距離，所以能夠保持自己的地位。而新興的汴渠口離盱眙縣舊治有 25 里，所以舊盱眙縣城必然要被新興中心替代。

六、結論

通過上文，我們可以總結古縣位置考訂的方法如下：

1. 首先校勘文獻，如果有可能，通過道里校訂等方法發現原來文本輾轉抄襲後形成的牴牾，並重新排比出正確的結果。

2. 認真研究戰爭史料，造成漢唐政區變動及古縣失考的原因是漢唐間的戰亂，但是我們以子之矛，攻子之盾，這些戰亂的大段記載同時為我們考證古縣提供了方便。通過發掘史書紀傳對戰爭具細節的描寫，結合現代地形圖、地名圖考訂古縣。

3. 結合考古學成果，積極利用現代的全面考古調查及文物地圖集，不僅確定的城址可以為我們考訂古縣提供方便，漢墓、唐墓的集中區域也可以我們考訂古縣提供佐證。

4. 運用語言學知識，由於很多漢縣之名本身來自先秦時期非華夏的民族

語言，漢唐間又是民族和語言大融合的時代，所以審音、勘同及用民族語言學考訂地名語源十分重要。

5. 探求漢唐間古縣變動的原因，爲秦漢古縣的衰落及隋唐新縣的興起尋求最合理的解釋。

漢代徐部諸縣位置新考

　　縣是中國歷史上最穩定的政區，隋唐以後的縣治比較清楚，明清時代的縣界都可以研究，而在魏晉南北朝中國政區體系大轉變之前的漢縣則比較模糊。此間漢縣的地理變化，如果不算改名的話，有四種情況：一，析出新縣；二，省併；三，短距離遷治；四，長距離僑置。後三種變化的全部情況不一定爲後代文獻明載，於是出現誤載（包括後人誤抄）和部分內容失載兩種情況。現在我們主要依據後代文獻確定漢代郡縣位置，一方面經常誤從前人誤載，另一方面於前人失載處束手無策。譚其驤主編《中國歷史地圖集》（以下《譚圖》）主要依靠《嘉慶重修大清一統志》的各地古城記載，來確定漢代的縣治。其實《譚圖》的編繪中也利用了不少考古資料，在當時的條件下，《譚圖》無疑是最優的一部巨著。

　　今天，我們有比《譚圖》編纂時更爲方便的條件，可以對《譚圖》的漢縣治所標注進行修正。可以利用的新材料有：

　　1. 利用各種文物考古資料，尤其是《中國文物地圖集》詳細的遺址地圖。

　　2. 利用 1980 年代以後各地的地名錄、地名志、地名圖冊一類的地名資料。

　　3. 利用各種精確的區域地理資料，而不是簡單的地圖。

　　當然，很多新材料本身不能直接告訴我們需要的結論，前人的考據方法必須進一步運用。

　　縣治準確定位後，我們就可以準確計算政區間的距離，政區密度，我們就可以考察該縣治的地貌，進而分析其選址原因。因此，重新研究漢代縣治有重要意義。本文是《漢代縣治考》的一部分，對於文獻和文物考古可以充分確證的縣治不再列舉，全文考證的都是需要重新考證的縣治。

東海郡況其縣

東海郡有祝其縣，見於《漢書‧地理志上》和《續漢書‧郡國志三》，陳直曰：「《隸釋》卷十七，魯相謁孔廟殘碑，祝其作況基，蓋皆假借字，但其字作基，與居攝墳壇題字亦同。」尹灣漢簡出土後，我們確知祝其縣爲況其縣之誤。楊守敬《水經注圖》、《譚圖》標祝其縣在今贛榆縣西，不確。原因有三：

1. 《水經‧淮水注》說游水過朐縣，往北經過利城縣故城東、祝其縣故城西，計斤縣故城西、贛榆縣北、紀鄣城南，才入海，並說祝其縣東有夾口浦。可見祝其縣在游水以東、大海以西，在贛榆和朐縣間，夾口浦似是河口海岸地名。

2. 連雲港市東連島蘇馬灣新莽始建國四年（公元 12 年）石刻說：「東海郡朐與琅邪郡櫃爲界，因諸山以南屬朐，水以北屬櫃，西直況其。」〔註1〕這說明況其縣有海域。

3. 《太平寰宇記》卷二二海州懷仁縣（治今贛榆縣贛馬鎮）：「故祝其城，在縣南四十二里平地。《太康志》云：在郯東九十里。」〔註2〕從懷仁縣南及郯城縣東來看，況其縣無疑在今連雲港市和贛榆縣之間。

《漢書‧地理志》祝其縣說：「《禹貢》羽山在南，鯀所殛。」羽山即今東海縣北羽山，應在況其縣西，《晉書‧地理志》東海郡祝其縣：「羽山在縣之西。」《晉志》正確，正因《漢志》此錯，致使後人以爲祝其縣在今贛榆縣西。今贛榆縣西有利城村，即兩漢之利城縣治，不可能在其旁更設一縣。

陳壽《三國志》卷七《陳登傳》裴注引《先賢行狀》曰：

> （呂）布既伏誅，（陳）登以功加拜伏波將軍，甚得江、淮間歡心，於是有吞滅江南之志。孫策遣軍攻登於匡琦城。賊初到，旌甲覆水，群下咸以今賊眾十倍於郡兵，恐不能抗，可引軍避之，與其空城。水人居陸，不能久處，必尋引去……賊周章，方結陳，不得還船。登手執軍鼓，縱兵乘之，賊遂大破，皆棄船迸走。

同書卷二二《陳矯傳》作匡奇，可見匡琦、匡奇都是假借，此城不見於史書，疑即況其縣，縣既臨海，所以有孫吳水軍來到時「旌甲覆水」。

〔註1〕 連雲港市文管會辦公室、連雲港市博物館：《連雲港市東連島東海琅邪郡界域刻石調查報告》，《文物》2001 年第 8 期。

〔註2〕 〔宋〕樂史撰、王文楚點校：《太平寰宇記》，第 466 頁。

《三國志》卷四六《孫破虜討逆傳》裴注引《江表傳》：「策以融所屯地勢險固，乃捨去，攻破繇別將於海陵。」同書說「是時，陳瑀屯海西，……策覺之，遣呂範、徐逸攻瑀於海西，大破瑀，獲其吏士妻子四千人。」孫吳的水軍能夠沿海攻打海陵縣（治今泰州市）和海西縣（治今灌南縣大圈鄉龍溝村北、張店鎮新雲村南），〔註3〕也有可能攻打況其縣。

東海郡曲陽縣

曲陽縣見於《漢書・地理志上》東海郡和《續漢書・郡國志三》下邳國，《譚圖》第二冊曲陽縣城誤標在今沭陽縣東南，應在今東海縣曲陽鎮，原因有三：

1.《太平寰宇記》卷二二海州朐山縣，「曲陽故城，漢縣，故城在今郡西南一百一十里，唐武德四年復置，八年又省。」後代方志都說曲陽城在朐山縣或海州（即今東海縣前身），而不說在沭陽縣。

2. 今東海縣曲陽鎮有漢代曲陽古城遺址，已列為省級文物保護單位，而沭陽縣無遺跡。

3.《後漢書・襄楷傳》：「順帝時，琅邪宮崇上其師於吉於曲陽泉水上所得神書百七十卷。」注：「海州有曲陽城，北有羽潭水。……而於吉、宮崇並琅邪人，蓋東海曲陽是也。」羽潭水即今東海縣北羽山南麓的溫泉，亦即曲陽泉水，沭陽縣無。

前人考訂東漢明帝永平十五年到章帝建初三年的下邳國有下邳、良成、司吾、曲陽四縣，並畫出地圖，因為從《譚圖》的曲陽縣定位，所以畫出的下邳國不僅過於狹長，而且曲陽孤立在東面。下邳縣治今睢寧縣北的古邳鎮，良成縣治今邳州市北，司吾縣治今新沂市南的司吾村，曲陽縣治改在東海縣曲陽鎮後，下邳國近似矩形，比較合理。

既然曲陽縣城在今江蘇東海縣，淮浦縣城在今淮安市北，厚丘縣在今山東臨沂市（詳下），那麼沭陽縣南部和漣水縣廣大範圍空無一縣，是否不合理呢？其實這正合理，根據連雲港尹灣六號漢墓出土二號木牘上記載的漢末東海郡各縣按吏員數目及秩次的排序，可以發現海西、下邳、郯、蘭陵是第一級大縣，海西縣在其他指標和下邳相同的情況下，又以 54 亭對下邳 46 亭而

〔註3〕國家文物局主編《中國文物地圖集・江蘇分冊》，上冊第 292 頁，下冊第 697 頁。《譚圖》所標海西縣城位置錯誤。

位居榜首，亭多則縣大，〔註4〕海西縣治在今灌南縣境，當時離海很近，所以海西縣境必然主要在今灌雲、漣水、沭陽三縣境內。另平曲縣旁還有平曲侯國，在今沭陽、灌雲一帶，也有5亭，占去一定面積。

東海郡厚丘縣

今江蘇沭陽縣北的茆圩鄉有厚邱村，〔註5〕舊名厚鎮村，〔註6〕即《元豐九域志》沭陽縣厚丘鎮，《譚圖》據此定為《漢書·地理志上》和《續漢書·郡國志三》東海郡的厚丘縣治。

《後漢書》卷四二《琅邪孝王京傳》：

> 京國中有城陽景王祠，吏人奉祠。神數下言宮中多不便利，京上書願徙宮開陽，以華、蓋、南武陽、厚丘、贛榆五縣易東海之開陽、臨沂，肅宗許之。立三十一年薨，葬東海即丘廣平亭，有詔割亭屬開陽。

如果厚丘縣治定在今沭陽縣厚邱村，那麼琅邪郡中間隔著即丘縣（治今郯城縣北），而據建初六年劉京葬東海即丘廣平亭，則即丘縣不屬琅邪，則琅邪無法管到厚丘縣。所以有人認為這裡的厚丘二字是衍文，五縣應為四縣。〔註7〕

但是漢代的厚丘縣是不是在今沭陽縣境呢？江淮地區在東晉南北朝時期有很多僑州郡縣，這些城址往往被誤認為原來的北方郡縣，酈道元時代已是如此，比如誤認僑置軑縣為漢代軑縣，所以錢大昕舉例說：「水經注難盡信」。〔註8〕《南齊書·州郡志上》冀州僅有一北東海郡，領襄賁、僮、下邳、厚丘、曲城五縣，郡治連口，即今漣水縣城，郡境在今漣水縣、沭陽縣一帶。襄賁原治今山東蒼山縣南，僮縣原治今安徽泗縣北，下邳縣原治今睢寧縣古邳鎮，曲城縣原治今山東招遠市西北。那麼厚丘縣很可能是南遷的僑縣。

我認為其原址在今山東臨沂市東北，原因有二：

〔註4〕周振鶴：《西漢地方行政制度的典型實例——讀尹灣六號漢墓出土木牘》，《周振鶴自選集》，第247～251頁。

〔註5〕江蘇省地圖集編纂委員會：《江蘇省地圖集》，中國地圖出版社，2004年。

〔註6〕江蘇省地圖集編輯組：《江蘇省地圖集》，1978年，第57頁。

〔註7〕李曉傑：《東漢政區地理》，山東教育出版社，1999年，第65頁。

〔註8〕錢大昕：《水經注難盡信》，《十駕齋養新錄》卷十一，上海書店出版社，1983年，第248頁。

1.《藝文類聚》卷三九引伍輯之《從征記》:「臨沂、厚丘間,有次睢里社,常以人祭。襄公使邾子用鄫子處,相承雇貧人,命齋戒。祭時縛著社前,如見犧牲。魏初乃止。」〔註9〕如果厚丘在今沭陽縣,那麼和臨沂縣(漢治今臨沂市北)間有即丘、開陽二縣,不會說臨沂、厚丘間。《續漢書・郡國志三》琅邪國臨沂:「故屬東海,有叢亭。」注:「左傳隱六年盟於艾,杜預曰縣東南有艾山。七年『城中丘』,杜預曰縣東北有中丘亭。《博物記》曰:縣東界次睢有大社,民謂之食人社,即次睢之社。」次睢社在臨沂縣東,則厚丘縣在臨沂縣東。

2.《續漢書・郡國志三》厚丘縣注:「《左傳》成九年『城中城』,杜預曰在縣西南,有中鄉城。」今本杜注作「東海廩丘縣西南」,漢代廩丘縣在今山東鄆城縣西北,不曾屬東海郡,故應為厚丘。按隱公七年城中丘,說明原為丘,此後為城,很可能就是成公九年的中城,漢代為鄉,所以稱為中鄉城。中丘在臨沂縣東北,中城在厚丘縣西南,也說明厚丘縣在臨沂縣東。

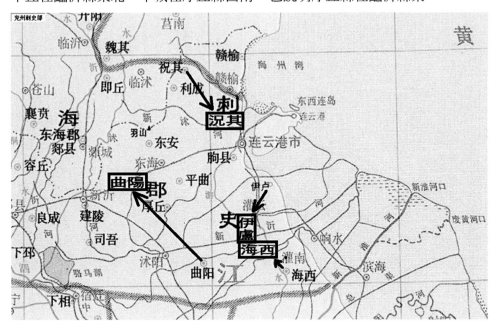

曲陽、海西、況其、伊盧位置(黑體字和方框)〔註10〕

〔註9〕 〔唐〕歐陽詢撰、汪紹楹校:《藝文類聚》,北京:中華書局,1965年,第708頁。

〔註10〕 底圖來自譚其驤主編《中國歷史地圖集》第二冊第20頁,黑體字和方框是本書添加。

東海郡朐縣伊盧鄉

《史記・淮陰侯傳》:「項羽亡將鍾離眛家在伊盧,素與信善。」裴駰《集解》:「徐廣曰:東海朐縣有伊盧鄉。駰案:韋昭曰,今中盧縣。」司馬貞《索隱》:「徐注,出司馬彪《郡國志》。」張守節《正義》:「《括地志》云:中盧在義清縣北二十里,本春秋時盧戎之國也,秦謂之伊盧,漢為中盧縣。項羽之將鍾離眛家在。韋昭及《括地志》云皆說之也。」

韋昭看到的本子上「伊盧」一定是錯成「中盧」了,韓信為楚王時殺死鍾離眛獻給劉邦,他有冢嗎?有冢也不會遠在中盧縣(今湖北襄樊市)。《續漢書・郡國志三》東海郡朐縣:「有伊盧鄉」。朐縣(治在今連雲港市)的伊盧靠近淮陰,鍾離眛算是韓信同鄉,所以素與信善。

今灌雲縣是民國才從海州分出,縣有伊盧山,即《史記》所說伊盧,《譚圖》第二冊也把伊盧、伊盧鄉標在今伊盧山。但《太平寰宇記》卷二二朐山縣說:「盧石山在縣東南六十里……大伊萊山,在縣南七十五里,按《史記》云:項羽亡將鍾離眛家在伊盧,徐廣曰:在東海朐縣,又按《續郡國志》之東海朐縣有伊盧鄉,又云中盧,盧石在東,句盧在西,故曰中盧。又名伊萊者,盧、萊二字相近,流俗音訛爾,實伊盧也。」

今灌雲縣伊盧山在連雲港市東南,大伊山在南,縣境除伊盧山、大伊山、小伊山等幾個小山外多為平原,則《太平寰宇記》的伊盧山為今大伊山,盧石山為今伊盧山。《萬曆淮安府志》卷三《山川》海州大伊山、小伊山:「俱城南百里許,二山南北相向可三十里。」《太平寰宇記》說大伊山在朐縣南七十五里,或誤,也有可能是里制不一。

《元和郡縣志》卷十一海州朐山縣,「鍾離眛故城,在縣南一百里。項羽將鍾離眛所築,眛即此縣人。」按鍾離眛築城於史無徵,但是鍾離眛的傳說遺跡應該在伊盧鄉,鍾離眛城在縣南百里說明伊盧山是今大伊山。今伊盧山附近沒有發現漢代遺址,其上的多座土墩石室是唐代墓葬。〔註11〕而大伊山則有新石器時代遺址,並出土過戰國青銅器和漢代弩機。〔註12〕

〔註11〕 紀達凱、陳中:《連雲港地區土墩石室遺存時代性質新考》,《東南文化》1993年第1期。

〔註12〕 連雲港市博物館:《江蘇灌雲大伊山新石器時代遺址第一次發掘報告》,《東南文化》1988年第2期。灌雲縣博物館:《江蘇灌雲縣出土戰國青銅器》,《東南文化》1989年第4、5期。王迎生:《灌雲發現漢代弩機》,《東南文化》1992年第3、4期。

臨淮郡淮浦縣

《水經》:「(淮水) 又東至廣陵淮浦縣入於海。」酈道元注:

> 應劭曰:浦岸也蓋臨側淮瀆,故受此名。淮水逕縣故城東。」

按《漢書·地理志》臨淮郡有淮浦縣,《續漢書·郡國志》屬下邳國,近海,班彪《覽海賦》:「余有事於淮浦,覽 (一作觀) 滄海之 (一作於) 茫茫。」

楊守敬《水經注圖》標淮浦縣城在安東 (今漣水) 城西南,《譚圖》第二冊、第三冊標淮浦縣城在今漣水縣城,值得商榷。

首先,今漣水縣城在淮河北面,而文獻記載淮浦縣在淮水東南:

(1)《山海經·海內東經》所附一篇《水經》是先秦作品,說:「淮水出餘山,餘山在朝陽東、義鄉西,入海淮浦北。」參照同篇其他句子體例,這裡指淮河入海在淮浦縣城北面,而不是指淮浦縣境北面,因為同篇中指示河流尾閭地點的地名,如長州、洞庭、晶陽、華陽、戲、江州城、敦浦等都是小地名。

(2)《水經注》說淮水在縣故城東。

兩種文獻,一說淮浦縣城在淮水南,一說在淮水西,綜之,淮浦縣城應該在淮河西南。楊守敬《水經注圖》把淮浦縣城標在今漣水縣城西南方,沒有依據,這主要是將就《水經注》淮河經淮浦城東的說法。〔註13〕今《漣水縣志》說月城遺址是淮浦縣城,沒有依據,〔註14〕《光緒安東縣志》卷十五《古蹟》:「金城在治北三十五里 (注:舊志,世傳金輪王所築,金輪王未知何代人也),月城在治西二十五里 (注:支家河西,舊志,亦金輪王築,久廢)。」可見,月城不是淮浦縣城。

其次,今漣水縣城所在原來叫漣口,只是一個縣下的小地名,顯然不是漢代的縣城。《南齊書》卷二九《周山圖傳》:「除寧朔將軍、漣口戍主。山圖遏漣水築西城,斷虜騎路,並以溉田。」從上下文時間看,這是劉宋元徽元年 (公元 473 年) 或二年的事,這時宋新失淮北,淮河成為邊區,所以漣水入淮河口成為防禦要地。

同書卷二七《李安民傳》說蕭齊建元二年 (公元 480 年),北魏攻齊朐山、漣口、角城,同書卷二九《周盤龍傳》周盤龍受敕書說:「角城、漣口,賊始

〔註13〕 〔清〕楊守敬等編繪:《水經注圖》,第 319 頁。
〔註14〕 漣水縣地方志編纂委員會:《漣水縣志》,江蘇古籍出版社,1997 年,第 96 頁。

復進。」顯然，連口即漣口。建元三年，淮北四州義眾陷沒，周山圖「拔三百家還淮陰，表移東海郡治漣口。」漣口這時才成為郡治，《南齊書・州郡志》「（冀州）北東海郡治漣口」反映的就是這種情況。如果漣口就是舊淮浦縣治，南北朝時人不可能一字不提。

《隋書・地理志》東海郡漣水縣，「舊曰襄賁，置東海郡。……開皇初，郡廢，縣又改焉。」

《元和郡縣志》卷九泗州漣水縣，「宋明帝於此置東海郡，又於城北置襄賁縣屬焉。……隋開皇三年廢郡，以縣屬海州。五年，改襄賁為漣水縣。」

《太平寰宇記》漣水軍，「宋太始五年於此置東海郡，仍於此城北三十里東海王城別置襄賁縣以屬焉。」

按《南齊書・州郡志》北東海郡首縣是襄賁縣，則郡治原應在襄賁縣，建元時移至漣口，《元和志》、《太平寰宇記》說劉宋就在此置東海郡，誤。

既然淮浦縣城不在今漣水縣城，那麼又會在哪裏呢？淮浦縣臨近大海，潮流來往洶湧，縣城自然應該建在淮邊高地上。既在淮河東南，又是高地的地方只有今淮安市青蓮崗一帶，這裡到茭陵鄉都是臨古淮河（今廢黃河）的高地，西起碼頭村、經青蓮崗、東到土城村的崗坡上很容易挖到漢墓，〔註15〕土城村很可能是淮浦縣城所在。

另《魏書・地形志中》東楚州安遠郡淮浦縣：「武定七年改蕭衍太山郡四縣置。有寧浦。」這個淮浦縣不知在今何處，但不應是漢淮浦縣，否則《地形志》不應不提。今漣水縣在《魏書・地形志》中為海州海西郡地，不是安遠郡地。

臨淮郡播旌縣

《漢書・地理志》臨淮郡有播旌縣，即《續漢書・郡國志三》下邳國潘旌縣，地望無考，為東漢19個無考縣之一。

清末王先謙《後漢書集解》引李兆洛云：「故城在今盱眙縣北。」李說無據。比對《譚圖》西漢臨淮郡和東漢下邳國，重合地域為今江蘇盱眙、泗洪、睢寧、宿遷、淮安和安徽明光、泗縣，則播旌縣在該地區。

又《史記・項羽本紀》記東陽縣（治今盱眙縣東的東陽城）人陳嬰，《集

〔註15〕南京博物院：《江蘇淮安青蓮崗古遺址古墓葬清理簡報》，《考古通訊》1958年第10期。

解》引張晏曰:「陳嬰母,潘旌人,墓在潘旌。」

則播旌縣靠近東陽縣,西漢盱眙境內有東陽、盱眙、高山、贅其四縣,泗洪境內有徐、高平、睢陵三縣,而明光市境內只有北境有一淮陵縣,則播旌縣可能在明光市境內。

北宋樂史《太平寰宇記》卷十六泗州招信縣(治今明光市女山湖鎮):

> 古奔精城,在縣南六十里平地。古老相傳云是蠻奔精王所築,未詳年代。唐武德二年,刺史楊益置爲睢陵縣。至武德四年,刺史夏侯雄才廢。

我以爲,奔精和播旌讀音相近,年代古老,則播旌縣或即奔精城,位置、讀音、年代都很符合。

臨淮郡睢陵縣

臨淮郡睢陵縣,顧名思義靠睢水,但是《譚圖》竟畫在今泗洪縣南的淮河邊,遠離睢水。源自譚其驤的誤考,他說《漢書・地理志》濟陰郡乘氏縣下說泗水東南至睢陵入淮,則睢陵在淮河邊。泗水應在淮陰縣入淮,前人多說《漢書》睢陵是淮陰的形訛,但是譚其驤認爲酈道元《水經注》也如此說,所以睢陵不錯,是漢代泗水在今泗洪縣南注入淮河,後來改道。〔註16〕我認爲譚其驤所說錯誤,因爲酈道元未到南方,而且《水經注》多沿襲《漢書》錯誤,不能因爲《水經注》錯誤就說《漢書》正確。

睢陵,應在今睢寧縣,《魏書・地理志》彭城郡(治今徐州)有睢陵縣,睢州(治取慮,在今泗縣東北)有睢陵縣,東徐州臨清郡有下相縣(治今宿遷)、睢陵縣,睢陵縣因爲在徐州、宿遷、之間,戰亂年代,各自設縣,所以設了三個睢陵縣。這證明睢陵縣在今睢寧,不可能在泗洪縣南。所謂泗水改道,查無實據,屬於臆測。按照臆測的泗水改道,則泗水國都凌縣和泗陽縣都不在泗水邊,顯然不確。

泗水國于縣

此縣是漢代泗水國三縣中唯一難以考證的縣,《譚圖》未標。我認爲很可能在今泗陽縣東北的穿城鎮,因爲泗陽縣、凌縣都在今泗陽縣的西南部,則

〔註16〕顧頡剛、譚其驤、侯仁之、黃盛璋、任美鍔:《中國古代地理名著選讀》第一輯,科學出版社,1959 年,第 74 頁。

于縣很可能在今泗陽縣的東北部，如此才符合情理。穿城，顧名思義，原有古城。據當地人發現，此地確實有古城，但是因爲歷史上的河流氾濫，現在被泥沙掩埋在地下，居民有時能在地下挖到古代的文物。

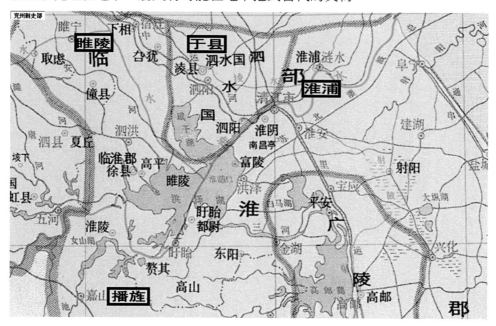

淮浦、睢陵、播旌、于縣位置（黑體字和方框）〔註17〕

琅邪郡高鄉縣

《漢書‧地理志》琅邪郡有高鄉縣，北宋樂史《太平寰宇記》卷二四密州莒縣：「故曹公城，在縣南七十二里。昔魏太祖征陶謙，拔五城，略地東海，於此築城，周回四里。向城，春秋時向邑，故城在今縣南七十五里。故高鄉城，漢縣，故城在今縣東南七十三里。晉永嘉後廢。」

《譚圖》高鄉城治今莒南縣城，誤，莒南縣城的位置在莒縣南，距離超過七十三里。從「東南」來看，則高鄉城在今莒南縣東北。今莒南縣之東，有文疃鎮高家柳溝古城，另有石城村漢代文化遺址，〔註18〕都是地處山區，高鄉城應在這一帶，地勢較高，故名高鄉。

〔註17〕底圖來自譚其驤主編《中國歷史地圖集》第二冊第20頁，黑體字和方框是本書添加。

〔註18〕莒南縣地名委員會編：《山東省莒南縣地名志》，1984年，第280頁《莒南縣名勝古蹟分佈圖》。以下莒南縣遺址都參照此圖，不注。

琅邪郡有利縣

《水經·沭水注》：

> 沭水自陽都縣又南，會武陽溝水。水東出倉山，山上有故城，世謂之監官城，非也。即古有利城矣。漢武帝元朔四年，封城陽共王子劉釘為侯國也。其城因山為基，水導山下西北流，謂之武陽溝。又西至即丘縣注於沭。

今莒南縣西南的板泉崖鄉有武陽街村，緊鄰一條西北流入沭河的小河，應即武陽溝水，武陽街和武陽溝水源頭處的大結莊都有漢代文化遺址，後者應即有利城所在。大結莊東面翻過分水嶺，有古城村。

琅邪郡魏其縣

《譚圖》第二冊從《讀史方輿紀要》和《大清一統志》標《漢書·地理志》琅邪郡魏其縣於今山東臨沂市南，或說魏其縣之今地無考。

今按其不應在今臨沂市南，原因有二：

1. 據《漢書》卷十五《王子侯表上》載魏其縣為漢武帝元封元年封膠東王子侯國，直到王莽時除國。而膠東國和今臨沂市相隔很遠，之間為琅邪郡原有之數縣。

2. 魏其縣和琅邪郡其他地區隔著宣帝時自城陽國封出的高鄉、高廣二侯國，另有新山、崑山二縣在今莒縣、莒南縣。如魏其侯國在今臨沂市南，則其初封時和琅邪郡隔絕。

所以，魏其侯不在今臨沂市南，《水經注》、《元和郡縣圖志》、《太平寰宇記》在今臨沂市部分都不言有魏其縣故城，此魏其縣應為後世人誤認，應在琅邪郡北部靠近膠東國之地域。

琅邪郡椑縣

《漢志》琅邪郡有椑縣：「夜頭水南至海。」《太平寰宇記》卷二四莒縣：「椑，《漢志注》云：『夜頭水經椑南至海。』又《輿地志》云：『向水南至海。』夜頭、向水，蓋異名。舊地理書皆失其所在。其椑蓋在今縣南七十里故向城。

《譚圖》標椑縣於今日照市西，誤，日照市的河流都是東流入海的。樂

史沒有看到文獻關於椑縣位置的記載，所以向水即夜頭水只是他的推測，椑
縣原屬琅邪郡，而高鄉、高廣從城陽國析出，所以不在今莒南縣。《漢書補注》
引錢坫曰夜頭水即今傳疃河，按此說很有可能，今傳疃河東南流入海，為日
照市東部入海的最大河流，以《漢志》河流繫於其源頭處縣之例，則椑縣在
傳疃河上游的五蓮縣東南部。

琅邪郡高廣縣

《漢書・地理志》琅邪郡有高廣縣，《太平寰宇記》卷二四莒縣：「高廣，
漢縣，宣帝封城陽荒王子勳為侯，其地蓋在今縣南界，已無城跡。新山，漢
縣。《漢志注》云：『侯國，其地在今縣界。』崑山，漢縣。元帝封城陽荒王
子光為侯，其地亦在今縣界。」

高廣縣在莒縣南界，則在今莒南縣南界，疑即莒南縣坊前鎮坊前古城或
壯崗鄉古城。莒南縣還有幾個古城，周圍均有漢代遺址，應即漢代琅邪郡不
可考之諸侯國，待考。

琅邪郡諸縣的修正位置（黑體字和方框）〔註19〕

〔註19〕底圖來自譚其驤主編《中國歷史地圖集》第二冊第 20 頁，黑體字和方框是本
　　　　書添加。

呉楚篇

北京大學藏秦簡中的楚地考

　　北京大學藏秦代簡牘，經過學者整理、釋讀。〔註1〕其中有很多交通路程的記載，已有學者作了長達上百頁詳細考釋。〔註2〕可惜如此長的文章，竟未能使用任何音韻學的知識，使得很多地名未能考證正確。

　　古人記載地名，往往用通假字。如果不用古音，就不能發現歷史的眞相。北大秦簡中的很多地名，必須用音韻學知識才能破解。本文使用古音解釋的地名位置，也都符合里程。前人不使用古音解釋的地名位置，都不符合里程。

一、寋中是巾中

　　北大秦簡，提到寋中兩次，這兩條線路都是從江陵（今荆州）向東，涉及經過夏水到漢水的路程。另有一條從江陵、夏水到漢水的線路，所以我們把這三支簡放在一起看：

　　　　江陵水行，夏水，入蹶溪，行寋中，上漢，到淯口，千一百五十六里。（04-196）

　　　　江陵水行，＝（行）盧、寋中，上漢到淯口，千二百一十七里。（04-052）

　　　　江陵水行，＝（行）夏水，到漢＝汭＝，（漢汭）上到淯口，千六百六〔里〕（04-219）

辛文解釋原文的□字爲寋，確實成立，但是又解釋寋爲河道難走，說寋中爲

〔註1〕北京大學出土文獻研究所：《北京大學秦簡牘概述》，《文物》2012 年第 6 期。
〔註2〕辛德勇：《北京大學藏秦水陸里程簡冊初步研究》，《石室勝言》，第 81～214頁。

夏水入夏楊水的難走河段，又說蹶溪是夏楊水。

此說不能成立，地名的某中一般指一個區域，或一個流域。如吳中、秦中、閩中、巴中、蜀中指區域。漢中指漢水流域一部分，很少指某一段特殊情況的河段。蹇中應該是蹇地，或蹇水流域。

如果蹶溪是夏楊水，則有一個漏洞，因為經過夏水、蹶溪僅有 1156 里，而經過夏水到漢汭，就有 1606 里，多出 450 里。但是從地圖可以看出，如果是從夏楊水向東，到漢汭，不會多出 450 里。450 里是從江陵到沔口整個路程的接近一半路程，所以蹶溪不可能是夏楊水。

我以為，蹇水就是《水經注》的巾水，因為上古音的蹇是見母元部 kian，而巾是見母眞部 keən，讀音很近。即今沙洋縣流入潛江市的西荊河，荊河的名字源自巾水。

《水經注》卷二八《沔水》：

> 楊水又北逕竟陵縣西，又北納巾、吐柘，柘水即下楊水也。巾水出縣東一百九十里，西逕巾城。城下置巾水戍，晉元熙二年，竟陵郡巾戍山得銅鐘七口，言之上府。巾水又西逕竟陵縣北，西注楊水，謂之巾口。水西有古竟陵大城，古鄖國也。鄖公辛所治，所謂鄖鄉矣。昔白起拔鄢，東至竟陵，即此也。秦以為縣，王莽之守平矣。世祖建武十三年，更封劉隆為侯國。城旁有甘魚陂，《左傳‧昭公十三年》，公子黑肱為令尹，次於魚陂者也。楊水又北注於沔，謂之楊口，中夏口也。

可見，巾水非常重要。竟陵縣就在巾水和楊水匯合處，上古音的竟是見母陽部 kyang，讀音和巾，非常接近，所以巾水、竟陵也可能是同源地名，這也證明蹇中是巾水流域。

巾水注入楊水的地方，向東不遠，就是楊水注入漢水的地方。又名中夏口，因為其南不遠就是夏楊水注入楊水的地方。

所以江陵向東南，經過夏水，也可以到蹇中（巾水）。這條路是 1156 里，比另一條 1217 里的路，少了 61 里。這條 1217 里的路，是經過盧，到蹇中（巾水），無疑是經過江陵東北部的楊水。盧是楊水附近的一個地名，辛文讀成盧蹇中，顯然不對，應是盧、蹇中。

蹇溪，在江陵東南不遠，在古華容縣附近，在今潛江市西南，從這裡轉而向北，到達巾口。

總之，經過蹇中的兩條路都是在江陵到潛江之間，所以是 1156、1217 里，而不經過巾口的夏水到漢沔路程多出 400 多里，因爲經過今監利、仙桃，再繞回潛江。

二、嵬水是夷水

嵬水是江陵向北通往南陽路上經過的重要地名，還有嵬口、嵬鄉、嵬郵渚等地名。

先看嵬水的記載：

> 楊口到匡津：七十里（04-059）
>
> 匡津到銷容墼鄉：九十里（04-060）
>
> 容墼到嵬水口：百九十里（04-072）
>
> 嵬水口到鄢鞏陽鄉：七十里（04-085）
>
> 鞏陽鄉到離津：卅里（04-089）
>
> 離津到甌津：六十里（04-235）
>
> 甌津到莪陵津：六十里（04-235）
>
> 莪陵到邔鄉：七十里（04-235）
>
> 邔鄉到鄢路盧津：廿里（04-218）
>
> 路盧到鄧新鄧津：七十里（04-217）

其中邔鄉就是漢代南郡的邔縣，在今宜城市北，鄧縣在今襄陽市北。所以嵬水在今沙洋縣到宜城市之間。

記載嵬鄉的簡說：

> 銷北到嵬鄉：五十六里。到鄢界：十七里（04-085）
>
> 嵬鄉到箬鄉：卅里（04-089）
>
> 箬鄉到鄢：八十里（04-088）
>
> 銷到中里鄉：八十六里（04-235）
>
> 中里鄉到嵬鄉：五十六里，行黄道（04-234）
>
> 銷到養鄉：八十一里（04-217）
>
> 養鄉東到嵬鄉：百一十二里，行桃丘道（04-216）

記載嵬口、嵬郵渚的簡有：

> 嵬郵渚到嵬口：七十二里。倉下到嵬郵渚：二百步。
>
> 嵬口到皇津：廿里（04-047）

彘鄉到皇津：卅六里（04-218）

彘如此重要，前人羅列了如此多的相關簡文，但是竟然把彘水考證在鍾祥市的樂鄉河口。

其實彘水就是夷水，西漢《揚雄》方言：

> 豬，北燕朝鮮之間謂之�，關東西或謂之彘，或謂之豕。南楚
> 謂之豨。其子或謂之豚，或謂之貕。吳、揚之間謂之豬子。

彘是西北人的稱呼，周厲王奔彘可以證明。中原人稱爲豕，彘水在湖北的北部，靠近南陽，應稱豕。彘水是秦人修改的地名，原名是豕水。

上古音的豕是書母脂部ɕiei，夷是以母脂部ʎiei，不僅疊韻，而且旁紐，讀音極近，所以彘水就是夷水。

酈道元《水經注》卷二八《沔水》：

> 又南過宜城縣東，夷水出自房陵縣，東流注之。

> 夷水，蠻水也，桓溫父名夷，改曰蠻水……其水東南流，歷宜
> 城西山，謂之夷溪……城故鄀郢之舊都，秦以爲縣，漢惠帝三年，
> 改曰宜城……沔水又逕鄀縣故城南，古鄀子之國也，秦、楚之間，
> 自商、密遷此，爲楚附庸，楚滅之以爲邑。縣南臨沔津，津南有石
> 山，上有古烽火臺。縣北有大城，楚昭王爲吳所迫，自紀郢徙都之，
> 即所謂鄢、鄀、盧、羅之地也，秦以爲縣。

夷水經過宜城，原來是楚國都城鄢郢，黃盛璋先生考證鄢郢是今宜城市東南的楚皇城遺址。〔註3〕

清華楚簡《楚居》，記載楚人最早在夷水發家的歷程：

> 至酓繹與屈紃，思（使）若鄀嗌卜，徙於夷屯，爲楩室，＝（室）
> 既成，無以內之，乃竊鄀人之犝以祭。懼其主，夜而內祀，抵今日柰，
> ＝（柰）必夜。至酓只、酓黮黚、酓樊及酓錫、酓渠，盡居夷屯。

楚人原來是蠻夷，沒有祭祀的禮器，盜竊了鄀國的犝，不敢在白天祭祀，只能在夜裏祭祀。所以一直到戰國時期，楚國人都在夜裏祭祀。祭祀的名稱，讀作亦，顯然是夜。楚人起家的地方就是夷屯，在夷水。〔註4〕

〔註3〕 黃盛璋：《關於湖北宜城楚皇城遺址及其相關問題》，《江漢學報》1963年第9期。

〔註4〕 周運中：《〈楚居〉東周之前地理考》，收入《楚簡楚文化與先秦歷史文化國際學術研討會論文集》，湖北教育出版社，2013年，第231～233頁。

夷陵有楚國先王墓，《史記·楚世家》：「（頃襄王）二十一年，秦將白起遂拔我郢，燒先王墓夷陵。」《秦本紀》：「（昭襄王）二十八年，大良造白起攻楚，取鄢、鄧，赦罪人遷之。二十九年，大良造白起攻楚，取郢爲南郡。」《白起王翦列傳》：「後七年，白起攻楚，拔鄢、鄧五城。其明年，攻楚，拔郢，燒夷陵，遂東至竟陵。」

可見夷陵應在鄧（在今襄陽）之南，在夷水，靠近鄢郢。夷陵不是三峽的夷陵。《正義》引《括地志》云：「峽州夷陵縣是也。在荊州西。應劭云，夷山在西北。」三峽不是楚人起家的地方，所以此說錯誤。

巋鄉在鄢之南十七里，而鄢可以根據以下簡文計算：

鄢到鄧：百卅里（04-076）

鄧城，唐代李吉甫《元和郡縣圖志》卷二一襄州說：

臨漢縣……南至州二十里……故鄧城，在縣東北二十二里

則鄧縣城在襄州所治襄陽城北四十二里，則鄢在襄陽城南九十八里，而北宋樂史《太平寰宇記》卷一四五襄州說，宜城縣在襄州城南九十五里，宜城故城在縣南。則襄陽到宜城故城基本就是九十八里，則可證明鄢郢確實就是宜陵故城。

鄢城，南到箬鄉八十里，而巋鄉到箬鄉四十里，則鄢南到巋鄉大約是四十里，正是今天宜城東南到夷水的距離，這就證明了巋水是夷水，巋鄉在夷水注入漢水的水口稍往上游，這裡是楚皇城鄢郢到郅郢之間的大路。

巋鄉到鄢的邊界是十七里，說明鄢縣城到其縣南界是二十三里，說明鄢縣很小，可能是受到了秦人的貶抑。

皇津到巋水口 20 里，但是到巋鄉 36 里，說明在巋水口之南的漢水岸邊，因爲巋鄉在巋水口上游，所以多 16 里。

三、銷縣的位置

巋鄉到銷縣五十六里，銷縣的位置，前人或根據里耶秦簡、嶽麓秦簡，認爲在今荊門北部石橋驛鎮與南橋之間，〔註5〕或認爲是《左傳》、《水經注》湫城，在今鍾祥北部，〔註6〕或認爲是宵城，在今天門東北笑城，〔註7〕或認

〔註5〕 周振鶴：《秦末漢初的銷縣——里耶秦簡識小》，山東大學文史哲研究院「簡帛研究」網站，2003 年 12 月 1 日。陳偉：《嶽麓秦簡三十五年質日地名小考》，《歷史地理》第二十六輯。

〔註6〕 王煥林：《里耶秦簡釋地》，《社會科學戰線》2004 年第 3 期。

〔註7〕 晏昌貴：《張家山漢簡釋地六則》，《江漢考古》2005 年第 3 期。

爲是今鍾祥。〔註8〕

里耶木牘（16：52）記：

> 鄢到銷：百八十四里
>
> 銷到江陵二百四十六里

嶽麓秦簡《三十五年質日》記載一段去咸陽旅程，四月一日（己未）宿當陽，次日（庚申）宿銷，第三日（辛酉）宿箬鄉。當陽在今荊門市南約 20 里，箬鄉在今鍾祥市胡集鎮麗陽村。

銷縣確實在今荊門市以北，鍾祥、天門等說不確。但是北京大學藏秦簡說：

> 銷到當陽鄉九十三里，到江陵界卅六里（04-060）
>
> 當陽鄉到江陵百廿三里（04-072）

則銷到江陵 216 里，比里耶秦簡 246 里，少了 30 里。不過此處記載銷到當陽鄉 93 里，則銷縣城的具體位置不在今荊門市北部石橋驛鎮，而在今鍾祥市雙河鎮的西北部。如果在石橋驛鎮，則到當陽不足 93 里，到巋鄉也超過 56 里。如果在雙河鎮西北部，則到巋鄉 56 里，到當陽 93 里。

從地形圖可以看出，雙河鎮西北部，是幾條河流交匯處，所以樂鄉關就在雙河鎮北，古代樂鄉縣城就在附近。

北大秦簡說，銷縣到養鄉 81 里，養鄉到巋鄉 112 里，中間要經過桃丘，但是從銷縣到巋鄉不經過山丘。

桃丘就是宜城、南漳交界的山丘，養鄉在今南漳之南，在銷縣城的西北，在巋鄉的西部。所以從養鄉到巋鄉，要經過山丘。但是從巋鄉到銷縣，不需要爬山，走的是平地。

四、容墼的位置

我們還可以考證容墼鄉、容墼津的位置，再用另一條途徑來核算上文巋水的考證是否正確。

北大秦簡說：

> 銷到容墼鄉七十九里，鄉到津五里，凡八十四里（04-057）
>
> 楊口到匡津：七十里（04-059）
>
> 匡津到銷容墼鄉：九十里（04-060）

〔註8〕黃錫全：《湘西里耶地理木牘補議》，《湖南博物館輯刊》2007 年。

　　容毀到巋水口：百九十里（04-072）

不管銷縣城在今荊門市石橋驛鎮，還是在今鍾祥市雙河鎮，往東南 84 里，都在今鍾祥市中南部的漢水岸邊。從這裡到樂鄉河口顯然不足 190 里，僅有 90 里。而只有到夷水（今蠻河）口才有 190 里，這也證明了上文考證巋水爲夷水，完全正確。

　　辛文的地圖也把容毀鄉畫在鍾祥市中南部的漢水岸邊，但是到樂鄉河太近，比到匡津的距離還近，不符合秦簡原文記載的路程比例，所以不確。

　　容毀津在巋水口之南 190 里，則在今沙洋縣最北部的馬良鎮，鎮南有一個突出的山頭，聳立在漢水岸邊，正是渡口的最佳位置。

　　再向南 90 里到匡津，在今沙洋縣城偏南。再向南 70 里到楊口，在今潛江市北部。

五、武庾到閬蕩渠的路程

　　北大秦簡說到武庾的：

　　　　武庾到閬蕩渠三百廿七里（04-083）

　　　　武庾到雉白土鄉五十三里（04-210）

　　　　白土鄉到雉廿四里（04-209）

　　　　雉到石城十七里（04-061）

　　　　石城到㲼渠庾卅五里（04-062）

　　　　㲼渠庾到陽新城庾百四里（04-063）

　　　　凡二百卅三里（04-055）

顯然，武庾在雉縣城西南 77 里，雉縣城在今南召縣東南，武庾在今南陽市北部。從武庾到閬蕩渠，370 里，閬蕩渠即《水經注》滇蕩渠、《漢書・地理志》浪湯渠。

　　原文未說如何到達浪湯渠，但是辛文竟說一定走水路，而且走大㶏水，我以爲缺乏證據。而且大㶏水，溝通汝河、潁河，原來不存在，汝、潁原來是獨立河流。根據我的研究，大㶏水是曹丕爲了南征孫吳，開通召陵的討虜渠，才形成，所以此說不能成立。

　　辛文竟又從浪湯渠扯到鄂君啓節，說譚其驤的考證有誤。其實這條路和鄂君啓節毫無關係，譚其驤的考證也不誤。

　　鄂君啓節說：「庚陽丘，庚方城，庚象禾，庚畐焚，庚繁陽，庚高丘，

庚下蔡，庚居巢，庚郢。」這條路上的方城、繁陽、下蔡、郢，非常清楚。所以譚其驤根據已經確定的方城、繁陽，再去尋找中間路上的象禾、畐焚。方城在今方城縣一帶，繁陽在今新蔡縣北。則象禾、畐焚的位置大概可以確定，譚其驤釋象禾爲泌陽縣北的象河關，釋畐焚爲漢代吳房縣，在今遂平縣。

但是辛文說于省吾、黃盛璋釋象禾爲兔禾，說羅長銘釋畐焚爲酉焚，是《左傳》宣公九年鄭伯敗楚師的柳焚，在鄭國南部。其實史書中的柳焚不能確定其具體位置，所謂鄭地不過是猜測。如果把象禾、畐焚北移，完全背離了繁陽、下蔡的道路。北移說，不顧路程的整體，不顧政局的大體，不合情理。鄂君啓節的路程都在楚國境內，不可能跑到中原。日本學者船越昭生甚至把繁陽北移到臨潁縣的繁城鎮，更是不能成立，因爲居巢、郢顯然在今安徽。

六、陽新城庾與陽城縣

北京大學藏秦簡在記載南陽往北的路程時，提到陽縣新城庾，說明南陽郡有陽縣。這個記載非常關鍵，因爲陳勝是陽城縣人，前人對這個陽城縣有爭論，經過譚其驤的考證，已經確定在今南陽的方城縣。

譚其驤的證據是《史記·曹相國世家》說：

> 從南攻犨，與南陽守齮戰陽城郭東，陷陳，取宛，虜齮，盡定南陽郡。從西攻武關、嶢關，取之。前攻秦軍藍田南，又夜擊其北，秦軍大破，遂至咸陽，滅秦。

裴駰《集解》引東漢應劭曰：「今赭陽。」司馬貞《索隱》引徐廣云：「陽城在南陽，應劭云，今赭陽。赭陽是南陽之縣。」赭陽，顏師古注《漢書》，解釋爲漢代堵陽縣，即今方城縣。

另外《登徒子好色賦》：「嫣然一笑，惑陽城，迷下蔡。」說明陽城靠近下蔡，而且是一個大縣，因爲方城扼守楚國北部的大路。〔註9〕

我以爲譚其驤的考證完全正確，今方城縣屬於楚地，符合陳勝的楚人身份。北大藏秦簡說陽新城庾，說明陽縣有舊城，有新城，陽縣就是陽城縣。

但是辛氏說，陽縣不是陽城縣，說陳勝的老家絕不可能在南陽郡，應在

〔註9〕譚其驤：《陳勝鄉里陽城考》，《社會科學戰線》1981 年第 2 期。收入《長水集》下冊，第 355～360 頁。

登封縣。〔註 10〕其實譚其驤早已在文中明確反駁了登封陽城，理由很簡單，登封屬韓地，陳勝是楚人。陽縣新城庾的記載，印證了譚其驤先生對陳勝家鄉陽城縣考證的真知灼見，不容推翻。

〔註10〕 辛德勇：《北京大學藏秦水陸里程簡冊與戰國以迄秦末的陽暨陽城問題》，《北京大學學報》2015 年第 2 期。

從方言看張楚即大楚

陳勝所建的國號是張楚，《史記・陳涉世家》：

> 陳涉乃立爲王，號爲張楚。

司馬貞《索隱》按：「李奇云：欲張大楚國，故稱張楚也。」

《漢書・陳勝傳》顏師古注：

> 劉德曰：「若云張大楚國也。」張晏曰：「先是楚爲秦滅，已弛，
> 今立楚，爲張也。」師古曰：「張說是也。」

劉德、李奇、張晏解釋張楚，都把張當成動詞，其實這是後人的曲解，張楚就是大楚，張是形容詞。

王先謙據《廣雅・釋詁》：「張，大也。」認爲張楚就是大楚，對應吳廣狐鳴呼曰：「大楚興，陳勝王。」今人依違於兩說之間，甚至認爲動詞說合理。〔註1〕

可惜前人未能從方言的角度解釋，今按西漢揚雄《方言》卷一：

> 敦、豐、厖、夽、憮、般、嘏、奕、戎、京、奘、將，大也。
> 凡物之大貌曰豐。厖，深之大也。東齊海岱之間曰夽，或曰憮。宋
> 魯陳衛之間謂之嘏，或曰戎。秦晉之間，凡物壯大謂之嘏，或曰夏。
> 秦晉之間，凡人之大謂之奘，或謂之壯。燕之北鄙、齊楚之郊，或
> 曰京，或曰將。皆古今語也。初別國不相往來之言也，今或同。而
> 舊書雅記故俗語，不失其方。而後人不知，故爲之作釋也。〔註2〕

〔註1〕 田餘慶：《說張楚——關於「亡秦必楚」問題的探討》，《秦漢魏晉史探微》，
北京：中華書局，2004 年，第 1 頁。

〔註2〕 〔漢〕揚雄著、周祖謨校箋：《方言校箋》，北京：中華書局，1993 年，第 4 頁。

各地人說大的方言，按照聲紐，大概可以分爲三類：

1. 喉牙音：嘏 ka、夏 ɣea、京 kyang、夽 keat
2. 唇音：豐 phiong、厖 meong、般 pean、憮 ma、戎 ȵiuəm
3. 舌齒音：壯 tʃiang、將 tsiang、〔張 tiang〕

第一組分佈在宋、魯、陳、衛、秦、晉、燕、齊、楚，分佈最大，應是一種時間很久的通語。因爲時間最久，所以各字的差異較大。華夏的夏字，就在其中，華夏的意思原來可能就是大。

第一組、第二組都能在印歐語系找到對應，印地語是 bara，古英語是 micel，對應第二組，波斯語的 kalan、gonde，對應第一組。唯有第三組，在世界範圍內分佈不大。

烏拉爾語系和北歐的一些語言，能對應第三組。比如愛沙尼亞語爲 suur，芬蘭語爲 suuri，冰島語爲 stór，接近哈薩克語的 zor。另外維吾爾語是 chong，柯爾克孜語是 çoñ，也屬此類。

根據復旦大學等機構的分子人類學研究，烏拉爾語系人群和漢藏語系、南島語系、南亞語系、侗臺語系關係最近，他們的 Y 染色體編號都是 O。烏拉爾語系人群原來住在東亞，所以阿爾泰語系突厥語族語言的讀音接近，也不是偶然，因爲烏拉爾語系人群向北亞遷徙，要路過中國西北部。

另外南亞語系的高棉語是 tʰom，侗臺語系的老撾語是 tō，蒙古語族蒙古語的 tom，也對應第三組，說明第三組的起源也很早，起源地是東亞。

秦晉之間，稱爲奘、壯，其實是一個字。燕之北部、齊楚的遠郊，或說京，或說將。

壯就是大，這一組的核心是秦晉，但是影響到了燕、齊、楚。將的讀音接近壯，但是有別。

張的讀音接近壯、將，所以張楚就是大楚。張，可能就是楚語，因爲讀音 tiang 接近老撾語 tō、高棉語 tʰom。

而秦晉的壯 tʃiang，則接近阿爾泰語系突厥語族、烏拉爾語系語言的大，這也正常。

揚雄說，秦晉人用壯、奘表示人的粗壯，這也是現代漢語壯的主要意思。但是這也說明，壯、奘在秦晉的含義縮小，秦晉人主要說嘏、夏。可能因爲秦晉更靠近西北，受到印歐語系游牧民族影響。

大的上古音是 dat，也屬於這一小組。因爲這一小組是 Y 染色體爲 O 的東

亞人群的共同語，所以成爲後世漢語的共同語。而第一組、第二組是 Y 染色體爲 O 的人群離開西亞之前的共同語，所以也曾經是東亞遠古的共同語。但是隨著東亞人群和西亞人群的長期隔離，產生了第三組東亞新生語，逐漸放棄了第一組。

陳勝的家鄉陽城縣（在今河南方城縣），雖然在楚國最北部，接近中原。但是他說的張楚可能是地道的楚語，這便於他號召楚人。

陳勝的家鄉雖然靠近韓、魏，但是文化上則和韓、魏差別較大，因爲司馬遷在《史記・貨殖列傳》說：

> 潁川、南陽，夏人之居也。夏人政尚忠樸，猶有先王之遺風。潁川敦愿。秦末世，遷不軌之民於南陽。南陽西通武關、鄖關，東南受漢、江、淮。宛亦一都會也。俗雜好事，業多賈。其任俠，交通潁川，故至今謂之夏人。

韓地潁川郡原來是夏地，這裡的夏人在秦代被遷到楚地南陽郡，但是直到漢代仍然被稱爲夏人，說明他們和南陽郡的楚人差別較大。夏人樸實，而南陽郡人好事重商。顯然夏人是華夏之風，而南陽郡人是楚人之風。

我們可以從語言學的角度肯定，張楚是楚語，張對應壯、奘、將，張就是大，張楚就是大楚。

楚國、淮南國都壽春故地安徽壽縣城牆（周運中攝於 2011 年 11 月 6 日）

從古代文學中的湖海氣昏看海昏

2011 年，南昌新建西漢海昏侯劉賀墓的考古發掘，爲社會廣泛關注，很快成爲學術熱點，關於劉賀的歷史研究已有很多。前人雖然寫了很多文章探討海昏地名的由來，還有一些史料未能用到，而這些史料能夠幫助我們拓展視角，給我們新的啓示。

一、前人觀點舉要

王子今認爲，海昏的海其實是晦，古代海、晦通假的文獻和文物證據很多，所以海昏是指對劉賀道德的否定，《南齊書》說南齊君主蕭寶卷被封爲東昏侯，就是依照海昏侯故事。〔註 1〕海昏侯墓出土的金餅，有墨書：「南海海昏侯。」王先生認爲這裡的南海是南藩，泛指南部邊界，不是指海。〔註 2〕古代海、晦確實通假，海昏確實帶有貶義，完全合理。海昏侯原封地山陽郡昌邑縣，東鄰東緡縣，即東昏。但是此說的問題在於，完全迴避了南海二字，脫離了地理實際。

辛德勇認爲，海昏侯的名字不含貶義，只是一個普通的地名。〔註 3〕此說的問題在於，如果海昏是已有地名，漢朝爲了貶斥劉賀，爲何在當時還很落後的東南無數地方中，偏偏選擇這個似乎帶有貶義的地名？政治鬥爭殘酷無情，劉賀是失敗的犧牲品，選擇他的封地名號不可能不帶有感情色彩。因爲

〔註 1〕 王子今：《「海昏」名義考》，《中國史研究動態》2016 年第 2 期。

〔註 2〕 王子今：《「海昏」名義續考》，《南都學刊（人文社會科學學報）》2016 年第 4 期。

〔註 3〕 辛德勇：《羹頡侯、東昏家與海昏侯爵號》，《浙江學刊》2017 年第 2 期。辛德勇：《海昏侯劉賀》，北京：三聯書店，2016 年，第 196～224 頁。

上古史料有缺，我們不能肯定海昏這個地名是原有地名，還是為劉賀新起的地名。

還有人把海昏的海解釋為鄱陽湖，把昏解釋為西部，海昏解釋為鄱陽湖的西部。〔註4〕此說遭到語言學者的反駁，有人又提出海昏指太昏庸。〔註5〕此說的問題是，海用作形容詞的例子都是很晚出現，上古書籍找不到證據。他們的證據是《漢書·東方朔傳》稱關中為陸海，顏師古注：「海者，萬物所出，言關中山川物產饒富，是以謂之陸海也。」顯然，這裡的海不是形容詞，不過是形容物產像大海那樣富饒。至於把海昏聯繫到鄱陽湖，在海昏侯墓發掘之前，已有人提出。〔註6〕鄱陽湖說，確實有一定道理，但是也不全對，下文再說。

還有人提出，海昏的昏，就是西周青銅器柞伯鼎銘文中南方的昏。〔註7〕此說的問題在於，柞伯鼎銘文的信息實在太簡略，根本不能確證昏的位置。而且西周的軍隊從來沒有打到長江以南的記載，完全不符合當時的形勢。西周的軍隊連淮河以南都很少來，不太可能深入江南。所以前人從來不敢說柞伯鼎銘文的昏在江西，現在因為海昏侯墓成為熱點，就把柞伯鼎的昏聯繫到海昏，令人非常懷疑。畢竟中國地名太多，相似的地名太多。

二、古代文學中的海氣昏

我因為長年研究中國海洋史，關注各種有關海洋史的資料，甚至包括古代的詩歌。所以我很早就搜集了很多古代詩歌中的涉海內容，很早就注意到古人經常在詩歌中經常提到海氣昏三個字。而這個古人常用的文學典故，前人討論海昏侯時竟然不提。

唐代著名詩人元稹《送嶺南崔侍御》有一句：「桃榔面碜檳榔澀，海氣常昏海日微。」韓愈《題臨瀧寺》有一句：「潮陽未到吾能說，海氣昏昏水拍天。」韋應物《送豆盧策秀才》詩云：「歲交冰未泮，地卑海氣昏。」唐張籍《題虎邱》詩云：「望月登樓海氣昏，劍池無底鎖雲根。」

〔註4〕周西月、賈明：《專家解讀海昏之謎》，《南昌日報》2015年11月13日，第6版。

〔註5〕蔣重母、鄧海霞：《「海昏」語源考證》，《遼東學院學報（社會科學版）》2017年第1期。

〔註6〕黎傳緒：《解說海昏侯》，《中學歷史教學》2008年第7期。

〔註7〕王澤文：《試說「海昏」》，《中國史研究》2016年第4期。

　　唐代是中國古代詩歌的頂峰，唐代人用過的典故，唐代以後的詩人自然更加用到，所以宋代以後的詩歌也常見海氣昏的典故。宋代蔡襄《題何山人大隱閣》詩云：「雨霽山容靜，潮生海氣昏。」王之望《送賈可封隨郭帥還西城三十韻》詩云：「炎歊六月三吳路，海氣昏昏暗天宇。」宋末元初林景熙《題陸秀夫負帝蹈海圖》詩云：「紫宸黃閣共樓船，海氣昏昏日月偏。」清代於震《海上弔吳野人墓》詩云：「日落平原海氣昏，一墳蕭瑟對空村。」清末愛國鬥士丘逢甲《重陽坐》詩云：「海氣昏昏天欲墜，且食蛤蜊知許事。」

　　北宋蘇轍《雷州謝表》說雷州是：「地窮南服，夷言莫辨，海氣常昏，出有踐蛇。」古書中提到海氣昏的例子還有很多，如果通過電子古籍庫可以找到很多，本文不再贅抄。上述例子，足以說明問題。

　　《漢書·武帝紀》說元封五年漢武帝劉徹從尋陽沿江而下到樅陽，再到琅邪，詔曰：「朕巡荊、揚、輯江、淮物，會大海氣，以合泰山。」海氣出現在詔書中，說明非常重要。

三、海氣昏昏的原因

　　爲何古人經常說到海氣昏昏呢？韋應物詩云：「地卑海氣昏。」蔡襄詩云：「潮生海氣昏。」顯然，因爲東南太潮濕，又靠近大海，所以古人認爲東南卑濕，水汽太大，常有陰晦。

　　西晉左思《吳都賦》開頭鋪陳吳國的大海，說：「出乎大荒之中，行乎東極之外。經扶桑之中林，包湯谷之湪沛。潮波汩起，回復萬里。歕霧漰浡，雲蒸昏昧。」古人認爲，大海蒸發的水汽旺盛，形成強對流天氣，常有雷雨風暴，這就是古人把大海稱爲海的原因，因爲海通晦。現在看來，這也很有道理。因爲真正的航海者一定常在海上遇到風暴，特別是夏季中國東南海域常有颱風。

　　現在中國東南還比較潮濕，古代的氣候比現在濕熱，所以古人常常說到東南卑濕，司馬遷《史記·貨殖列傳》說：「東南卑濕，丈夫早夭。」潮濕不僅使人感到不適，還會資深蚊蟲，傳播疾病，特別是瘧疾，所以很多人認爲所謂的瘴癘就是瘧疾一類的疾病。

　　甚至不僅東南沿海，連北方的沼澤，都能被古人形容爲昏冥，北魏正史《魏書》卷一《序紀》說：「宣皇帝諱推寅立。南遷大澤，方千餘里，厥土昏冥沮洳。謀更南徙，未行而崩。」大概因爲沼澤地也很潮濕，帶來同樣的問

題，所以古人也稱爲昏冥。

　　江西省，北有鄱陽大湖，南近南海古郡，東南是武夷山，江西東南部的山區是中國東南部濕度最高的地區。既然北方的大湖，都能被稱爲昏冥。那麼南方的彭蠡澤，更能被看成是昏冥了。

　　至於海字，則更好解釋，不僅因爲鄱陽湖很廣闊，類似大海。而且因爲江西遠在江南，古代交通不便，人煙稀少，被當時的中原人看成是東南沿海的極邊之地。《左傳》僖公四年（前656年）楚國使者對齊人說：「君處北海，寡人處南海，唯是風馬牛不相及也。」楚國的疆域從來沒有到南海，此處的南海是虛指。古代中原人不熟悉東南，籠統地把整個東南看成一體。

　　《史記‧秦始皇本紀》說嬴政三十七年：「上會稽，祭大禹，望於南海，而立石刻。」有學者據此認爲今東海當時是南海，其實這是誤解，上文說：「十一月，行至雲夢，望祀虞舜於九疑山。」雲夢澤離九嶷山很遠，可是望祀不必很近，所以在今紹興市的會稽山望祀南海，這個南海就是今天的南海，不可能是今東海。還有一個鐵證，《史記‧東越列傳》說漢惠帝三年（前192年）：「舉高帝時越功，曰閩君搖功多，其民便附，乃立搖爲東海王，都東甌，世俗號爲東甌王。」東甌國在今浙東南，說明今東海在秦漢時期一定也是東海。古人在浙江望祀南海，也是把東南看成一體，認爲江南已經靠近南海了。

　　所以我們雖然不能判斷海昏這個地名是原有地名，還有因爲劉賀新起的地名，但是我們可以肯定這個地名一定是表示江西所在的地方，卑濕昏冥。表示天氣陰晦的昏，又有昏庸的意思，所以海昏侯的名字很有可能也含有刻意的貶斥。地名的本義和政治鬥爭中附加的新義，往往並不衝突。比如宋代蘇軾、蘇轍被貶到儋州、雷州，就是因爲蘇軾字子瞻，瞻字近儋，而蘇轍字蘇子由，由字近雷字的下部的田。因爲中國地名太多，想找到一個帶有貶義的地名很簡單，想找到一個和政敵名字相關的地名也很簡單。

　　所以我認爲，海昏這個地名，地處西漢仍然非常濕熱的江西，鄰近鄱陽湖區，既是表示江南卑濕的環境，也含有明顯的政治色彩。我們應該有辯證的觀點，均衡綜合考慮，不能說古人的思維僅有一個簡單的維度。海昏這個地名既有可能是因爲劉賀新起，也有可能是源自當地自然環境的原有地名，但是被賦予新的引申含義，因此被選中作爲劉賀的封地。

居延漢簡新莽臨淮海賊考

　　殷墟甲骨、敦煌文書、西北漢簡與明清內閣檔案被譽爲近代中國歷史文獻的四大發現，關於這四種文獻的研究已經形成了專門之學。一個學科的地位不僅取決於其研究深度，還受制於其研究對象的廣度。西北地區的漢簡不僅對西北地區的歷史研究有重大意義，還對中國其他地區甚至包括東南沿海的歷史都有重要作用，本文考察的就是居延漢簡所記的東部海疆史。

　　居延漢簡 33.8 出現一則臨淮海賊記載：

　　□書七月己酉下Ｖ一事丞相所奏臨淮海賊Ｖ樂浪遼東

　　□得渠率一人購錢卅萬詔書八月己亥下Ｖ一事大

　　陳直說：「木簡應爲王莽天鳳六年詔書殘文，《漢書‧王莽傳》卷下云：臨淮瓜田儀等爲盜賊，依阻會稽長州，琅邪呂母亦起兵。此天鳳四年事。據《二十史朔閏表》，天鳳四年八月爲癸丑朔，十月爲壬子朔。天鳳五年八月爲丁丑朔，十月爲丁未朔。皆八月中不得有己亥，十月中不得有乙酉。惟天鳳六年八月爲辛未朔，廿九日爲己亥，十月爲庚午朔，十六日爲乙酉，皆與本簡符合。《後漢書‧劉盆子傳》記呂母起義，事在天鳳元年，至本簡詔書緝捕，已經過六年之久，與《漢書》亦可互相參證。」他又稱之爲「王莽時名捕臨淮海賊詔書」，認爲呂母起義「此天鳳四年事，與本簡所記丞相所奏臨淮海賊，完全符合。又《王莽傳》，地皇二年瓜田儀文降未出而死，莽求其屍，諡曰瓜寧殤男。瓜田儀自起義至投降，前後達五年之久。又按：《太平御覽》卷四百八十一，引《東觀漢記》敘述呂母起義事，與《王莽傳》略同。《後漢書‧劉盆子傳》，敘呂母起義事，在天鳳元年，數歲呂母病死，其眾分入赤眉、青犢、銅馬中。惟李賢注，記呂母子名呂育，爲游徼犯罪，則較《漢書‧王莽傳》

為詳。」〔註1〕

王子今認為，要確認這就是王莽的詔書，還需要更深入的論證。王莽改臨淮郡為淮平郡，與簡文不合。《漢書‧王莽傳》的臨淮郡是班固的記述，是後人追述。他又列舉了漢代日期符合的年份，上溯至漢武帝時，下延到漢光武帝和漢明帝時期。〔註2〕

我認為漢代中前期和東漢初期都不可能，因為此時文獻中沒有任何和臨淮海賊有關的記載，所以只有新莽時期最有可能。按照王文列舉的年份，只有天鳳元年（14年）和天鳳五年（18年）有七月己酉和八月己亥。天鳳元年不可能，因為此時臨淮瓜田儀尚未起兵，或者剛剛起兵，還不可能到達樂浪、遼東。只有天鳳五年最有可能，此時距離天鳳四年瓜田儀起兵已有時日，從臨淮完全可以到達北方海域。

一、瓜田儀起事之地長州考

王先生之所以不敢肯定瓜田儀就是臨淮海賊，是因為前人不能肯定瓜田儀在海上活躍。《漢書》記載瓜田儀在會稽郡長州起兵，有學者認為這個長州在江蘇吳縣之東。〔註3〕

其實這是一個誤解，所謂吳縣附近的長州，典出《越絕書》，卷二《記吳地傳》說：「秋冬治城中，春夏治姑胥之臺。旦食於紐山，晝遊於胥母，射於鷗陂，馳於遊臺，興樂石城，走犬長洲。」這個長洲只是有可能在姑蘇城附近，所以《元和郡縣圖志》卷二五蘇州長洲縣說：「本萬歲通天元年析吳縣置，取長洲苑為名。苑在縣西南七十里。」〔註4〕即使後世的長洲苑就是吳王所遊的長洲，也不能證明這裡就是瓜田儀起兵之處，因為長洲是一個地名通名，只要是長長的島嶼，都可稱為長洲。瓜田儀不可能在防守嚴密的吳縣城附近活動，他起兵的長洲應該是臨淮郡和會稽郡之間的長江口的另一個長洲。

長江口的這個長洲，首見於《山海經‧海內東經》最後附錄的一篇《水經》，這篇《水經》和《山海經》體例不一，原來是一篇獨立著作，後人混為一體。我另有專文考證這篇《水經》是先秦作品，這篇《水經》的第1條說：

> 岷三江，大江出汶山，北江出曼山，南江出高山，高山在成都

〔註1〕陳直：《居延漢簡研究》，天津古籍出版社，1986年，第104、200、274頁。
〔註2〕王子今：《居延簡文「臨淮海賊」考》，《考古》2011年第1期。
〔註3〕林劍鳴：《秦漢史》，上海人民出版社，2003年，第682頁。
〔註4〕〔唐〕李吉甫撰、賀次君點校：《元和郡縣圖志》，第601頁。

西，入海、在長州南。

這裡說長江入海口在長州之南，郝懿行注：「《郡國志》云：東陽故屬臨淮，有長洲澤。洲當爲州也。又案成都、長州亦皆周以後地名，蓋校書者記注之。」郝懿行沒有發現這篇《水經》原來不屬《山海經》，他仍然認爲《山海經》是大禹所作，所以說這是周代地名。郭郛認爲此處長洲在蘇州，因爲蘇州在唐代至清代曾設過長洲縣，而且《越絕書》、《吳越春秋》中說吳王「走馬長洲」。〔註5〕他不知道江北也有長洲，王應麟的《困學紀聞》卷十《地理》說：

> 余仕於吳郡，嘗見長洲宰其圓扁曰茂苑。蓋取諸《吳都賦》。
> 余曰：「長洲非此地也。」問其故，余曰：「吳王濞都廣陵。《漢郡國志》：廣陵郡東陽縣有長洲澤，吳王濞太倉在此。東陽，今盱眙縣，故枚乘說吳王云『長洲之苑』，服虔以爲『吳苑』，韋昭以爲長洲在吳東，蓋謂廣陵之吳也。」曰：「它有所據乎？」曰：「隋虞綽撰《長洲玉鏡》，蓋煬帝在江都所作也。長洲之名縣，始於唐武后時。」《元和郡縣志》苑在長洲縣西南七十里，未足據也。當從《郡國志》。

王應麟認爲吳王所遊的長洲在揚州，他舉出的證據有三：

1. 《續漢書·郡國志四》廣陵郡東陽縣有長洲澤

2. 《漢書·賈鄒枚路傳》所錄枚乘說吳王劉濞語云：「轉粟西鄉，陸行不絕，水行滿河，不如海陵之倉；修治上林，雜以離宮，積聚玩好，圈守禽獸，不如長洲之苑」，吳王劉濞都廣陵（今揚州市），這個長洲應該在今揚州附近。

3. 隋代虞綽撰有《長洲玉鏡》，因隋煬帝在揚州而作

其實吳王所遊的長洲不一定在江北，但是長江口確實有一個長洲。但是王應麟所說有誤，這個廣陵郡的長洲不在東陽縣。今按《續漢書·郡國志四》廣陵郡東陽縣下說：「故屬臨淮。有長洲澤，吳王濞太倉在此。」王應麟沒發現廣陵郡下說有 11 縣，而實際只列出 10 縣，顯然漏記一縣，嘉慶《重修揚州府志》已經補出這裡漏掉的海陵縣。〔註6〕海陵縣在西漢已有，後世一直存在，其地域很大，唐代之前的海陵縣，包括今江蘇泰州市、興化市、泰興市、如皋市、如東縣、東臺市西部、大豐市西部。海陵縣地域廣大，東漢時不應裁併。海陵縣原應在盱眙縣之後，長洲屬海陵縣。因爲海陵縣漏載，導致後人誤以爲長洲澤在盱眙縣。

〔註5〕郭郛：《山海經注證》，中國社會科學出版社，2004年。
〔註6〕吳子輝：《揚州建置筆談》，江蘇古籍出版社，2002年，第101頁。

《續漢書・郡國志三》廣陵郡東陽縣下注云：

> 縣多麋鹿，《博物記》曰：千千爲群，掘食草根，其處成泥，
> 名曰麋畯。民人隨此畯種稻，不耕而獲，其收百倍。又扶海洲上，
> 有草名薜，其實食之如大麥，從七月稔熟，民斂獲至冬乃訖，名曰
> 自然穀，或曰禹餘糧。

所謂扶海洲，也是海中一島，一般認爲在今如皋。注文提到海島，則長洲澤三字的前面，原來應該是海陵縣，而不可能是東陽縣。因爲東陽縣城在今江蘇省盱眙縣東南，遠在內陸，不靠海。《漢書・地理志》云臨淮郡海陵縣有「江、海會祠」，說明長江在海陵縣入海，這也證明長洲及長洲澤確實在海陵縣。因爲海陵縣的扶海洲有野生稻，糧食產量很高，所以枚乘對吳王劉濞語說：「轉粟西鄉，陸行不絕，水行滿河，不如海陵之倉。」海陵縣的糧倉充實，從這裡通過運河（今通揚運河前身），把糧食向西運到廣陵縣（今揚州市）。

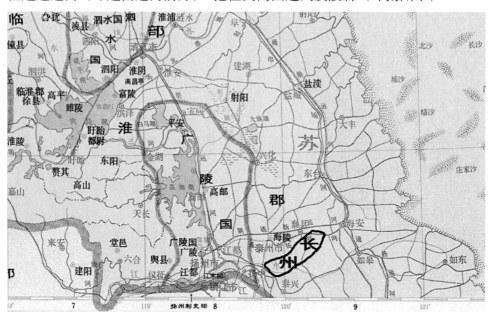

西漢臨淮郡的長洲位置〔註7〕

　　海陵縣治在今泰州，泰州南面就是長江口。長洲原來應該是長江口的大洲，在漢代之前，長江就在長洲之南入海。西漢時期，這個長洲仍然是個海

〔註7〕底圖來自譚其驤主編《中國歷史地圖集》第二冊第20頁，長州和黑線是本書添加。

島，介於臨海郡海陵縣和會稽郡之間。由於在兩郡之間，有長江隔絕，所以臨淮郡人瓜田儀在此起兵。東漢時期，這個長洲已經和北岸聯結，原來的長江北支成爲一條狹長的沼澤，這就是《續漢書》記載的長洲澤。

前人曾經總結長江三角洲的演化規律，北岸的演化是不斷形成沙洲，並和北岸併合。〔註8〕前人所知最早併岸的沙洲是扶海洲，大概在六朝時期併入北岸，原來的長江北支變成今如皋縣東部的長條形低地。其後在今南通市區附近形成了胡逗洲，在楊吳天祐年間併入北岸。其後又在今海門市形成了海門島，在南唐末年併入北岸。其後又形成了崇明島，按照長江口的演變規律，崇明島早已應該併入北岸。現在因爲人爲原因，尚未併入北岸，但是崇明島在未來一定會併入北岸。因爲在崇明島的南面已經出現了長興島，而且日益擴大。

另外，今江蘇省靖江市原來也是一個長江口的海島，稱爲馬馱沙，約在明清之際和北岸併合。但是最早的移民多數來自南岸，所以現在靖江市在長江北岸，但是主要方言是吳語。原來介於靖江、泰興之間的長江北支演變爲沼澤，又變爲今日的界河，由此我們可以看到長洲澤的身影。

我們不清楚扶海洲、胡逗洲的形狀，因爲沒有任何相關資料。現在的所有歷史地圖集上對這兩個島的描繪都是示意圖，但是宋代之後資料增多，所以我們可以肯定海門島是長條形的，我們也可以清楚地看到靖江島、崇明島、長興島都是長條形的。所以我們可以推定，長洲很可能也是長條形的沙洲。

在《江蘇地貌圖》上，稱長江以北的古代沙嘴爲高沙平原，分爲微凸、微凹兩種地貌。〔註9〕微凸的高地，分爲三塊，一塊是從揚州城，向東延伸到泰州城。第二塊是從泰興西北部，向東北延伸到泰州城的東南。第三塊是從泰興東北部，向東北延伸到如皋城。三塊高地之間是兩條低窪地帶，再泰興、如皋高地東南也有一個低窪地帶。

第一塊高地從揚州城到泰州城，是東西向，因爲其南的長江受寧鎭丘陵約束，也是東西向。第二塊高地向東北延伸，因爲寧鎭丘陵在丹徒之東結束，長江主流轉向東南，北部分出的支流向東北流。

〔註8〕陳吉餘：《兩千年來長江河口發育的模式》，原刊於《海洋學報》第 1 卷第 1
　　　期，1979 年。收入《陳吉餘（伊石）2000——從事河口海岸研究 55 年論文選》，
　　　華東師範大學出版社，2000 年，第 174 頁～181 頁。
〔註9〕江蘇省地圖集編輯組：《江蘇省地圖集》，1978 年，內部發行，第 10 圖《江蘇
　　　地貌》。

　　揚州城到泰州城的沙嘴成陸最早，不是長洲。長洲應是泰州東南兩塊高地之一，長洲澤是其北的低窪地帶，也即上古的長江北支汊道。

　　從泰興到如皋的那塊高地，可能成陸較晚，應即漢代的扶海洲。前人誤以為扶海洲在如皋、如東之間，現在看來不符合自然地理，如皋、如東之間的東西向沙嘴應是在六朝時期成陸，所以不是西晉之前的扶海洲。

　　所以長洲澤應在泰州東南，其東南的那塊從泰興延伸到姜堰的高地就是上古的長洲。

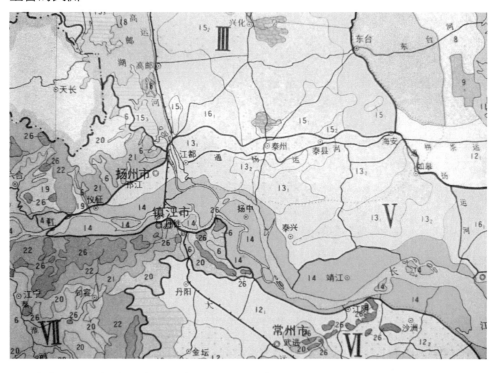

江蘇地貌圖局部（V 長江沖積平原：13-1 高沙平原微凸，13-2 高沙平原微凹）

　　長洲澤的前身就是長江的北支汊流，也即真正的北江。現在這塊低地還能從地形圖上看得出形狀，大致從今江都東南角向東北延伸，現在江都東南角的小蕩子、大蕩子、李家蕩、欒家蕩、浦頭、野孫莊、東野莊、野莊、野田等地名都在低地。〔註10〕延伸到了泰州南部，有野徐莊、野張蕩、仲家蕩、王家蕩、陳家莊蕩、李家莊蕩、馬家蕩、褚家凹、蔣家大窪子、渡船口，都在低地，在野徐鎮、白馬鎮南部。再向東北，有王家垛、唐家垛、朱家垛、

〔註10〕江都縣地名委員會：《江蘇省江都縣地名錄》，1983 年。

許家垛、孔家垛、孟家垛、劉家垛、錢家垛、周家垛、褚家垛、張家垛、馬家垛、蔡家垛、吳家垛、李家垛、何家垛、袁家垛、沈家垛、竇家垛、吉家垛，在今張甸鎮西北，〔註11〕比上述蕩地稍高，但是比兩側低窪。垛是人工堆築的墩臺，垛是墩的同源字。

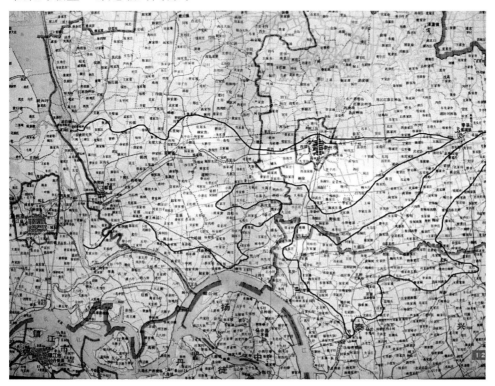

揚泰高地、長洲高地及其中間的長洲澤窪地〔註12〕

這條低窪地帶的東南有張甸鎮坡嶺、嶺家莊、沙梓橋、大泗鎮沙港，這些地名都在高地，也即長洲之上。沙梓橋即沙子橋的雅化，是通泰地方常見的地名雅化。沙子橋正是在沙洲之上，也即長洲之上。

在這條低窪地帶的兩側，看不到密集的蕩、垛地名，因為兩側都是高地。低窪地方之中，也有差別，蕩集中在江都浦頭鎮、泰州野徐鎮，原來靠近長江，地勢更低。垛集中在白馬鎮、張甸鎮，比蕩的地勢稍高。

至於江都浦頭鎮南部到泰州口岸、永安洲一帶，更是很晚才漲出的沙洲，

〔註11〕 泰縣地名委員會：《江蘇省泰縣地名錄》，1983年。
〔註12〕 底圖來自江蘇省地圖集編輯組：《江蘇省地圖集》，1978年，第40圖《揚州市、泰州市、邗江縣、江都縣、泰縣》。黑線表示高地邊緣，是本書添加。

所以地名以圩爲主，〔註13〕圩讀爲圍，即圍田。

長洲的東北角在今姜堰一帶和北江北部的沙嘴相連，北江北部的沙嘴從揚州向東延伸到宜陵、海陵，海陵原來在海中突出的沙嘴上，故名海陵，不是因爲靠海才叫海陵。

瓜田儀的名字源自種瓜，瓜最適合種在沙土，這也證明瓜田儀的老家在長江口的沙洲。

班固《漢書》卷五三《景十三王傳》說江都王劉建：「遣人通越繇王、閩侯，遺以錦帛奇珍。繇王、閩侯亦遺建荃、葛、珠璣、犀甲、翠羽、蝯、熊、奇獸。數通使往來，約有急相助。」說明西漢前期長江口和嶺南就可以直接通航，〔註14〕長洲正是在長江口，這裡的人擅長航海。唐代日本僧人在長江口的沙洲上看到白水郎，很可能是疍民，長洲的居民很可能也是疍民。中國東南沿海的疍民源自南島民族，所以擅長航海。

二、瓜田儀北上琅邪

長洲在東漢時期已經和北岸併合，所以在西漢末年到新莽時期，長洲和北岸之間應在不斷縮窄，瓜田儀雖然在此起兵，但是光靠水道的阻隔可能無法抵抗官軍，所以轉移別處是勢在必行。

瓜田儀最有可能向北部海域轉移，因爲此時在琅邪郡海上有呂母起兵。今連雲港市雲台山原來是海中大島，清代康熙五十年（1711 年）前後才和大陸連接，崔應階《雲台山志》卷一說：「康熙庚寅、辛卯（五十年）間海漲沙田，始通陸路。」〔註15〕郁州首見於《山海經·海內東經》：「都州在海中，一日郁州。」據上下文，此郁州即後世的郁州島。據尹灣漢簡可知漢代在鬱州設有鹽官，屬朐縣（治今連雲港海州區）。郁州島北部的東西連島發現有兩塊新莽始建國四年四月朔乙卯（公元 12 年夏曆三月初一）的郡縣界刻石：

1. 羊窩頭刻石：東海郡朐〔與〕琅邪郡櫃〔爲〕界朐北界〔盡〕□因諸山山〔南〕水以北（可能有一行字損壞）櫃西直況〔其〕〔朐〕與櫃分高□〔爲〕界東各承無極。

〔註13〕泰興縣地名委員會：《江蘇省泰興縣地名錄》，1983 年。
〔註14〕周運中：《西漢揚州海上絲路與嶺南荃布考》，《揚州文化研究論叢》第 20 輯，廣陵書社，2017 年。
〔註15〕〔清〕崔應階重編、吳恒宣校訂：《雲台山志》，《中國方志叢書》華中地方第 468 號，成文出版社，1983 年。

2. 蘇馬灣刻石：東海郡朐與琅邪郡櫃爲界因諸山以南屬朐水以北屬櫃西直況其〔朐〕與櫃分高〔陌〕（或〔桓〕、〔伯〕）爲界東各承無極始建國四年四月朔乙卯以使者徐州牧治所書造。

　　調查報告認爲兩個刻石可能出自一人手筆。這是東海郡和琅邪郡的界石，山南是東海郡朐縣，水北是琅邪郡櫃縣（治今山東膠州市南），西面是況其縣（治今江蘇贛榆縣）。報告沒說諸山是哪裏，只是模糊地說「那麼明確了幾乎同處在北緯 35°附近的海中諸島嶼以南地區屬朐縣境，當然包括位於東西連島東南面的雲台山脈（即郁州）。」〔註16〕有學者認爲諸山指連雲港市東北面的車牛山、搭山、平山，即前三島，按前三島之說不能成立，連雲港市和日照市關於前三島歸屬有嚴重爭議，1997 年還有二地漁民的嚴重衝突。〔註17〕前三島很小，沒有居民，古代更不可能引起關注。刻石既然立在東西連島，則諸山即在此。

　　朐縣、櫃縣中間有海曲縣（治今日照市），《漢書・王莽傳下》：

> 琅邪女子呂母亦起。初，呂母子爲縣吏，爲宰所冤殺。母散家財，以酤酒買兵弩，陰厚貧窮少年，得百餘人，遂攻海曲縣，殺其宰以祭子墓。引兵入海，其眾浸多，後皆萬數。莽遣使者即赦盜賊，還言：「盜賊解，輒復合。問其故，皆曰愁法禁煩苛，不得舉手。力作所得，不足以給貢稅。閉門自守，又坐鄰伍鑄錢挾銅，奸吏因以愁民。民窮，悉起爲盜賊。」莽大怒，免之。

此事雖繫於天鳳四年，但是古書都是在事發後追溯，「初」「浸」及弭盜未果等詞都表明琅邪郡海曲縣附近的海盜活動已有很長時間，所以朐縣、櫃縣分海刻石，可能是在戰亂特殊條件下的劃界。《後漢書・劉盆子傳》記呂母起義事在天鳳元年（14 年），瓜田儀起事時間也有可能早於天鳳四年（17 年），不過是在天鳳四年時已經聲勢壯大，驚動了王莽。

　　因爲北部海域有呂母起事，所以瓜田儀自然以北上琅邪爲最佳選擇。從長江口到琅邪海域很近，海陵之北，只有鹽瀆（治今鹽城市）、海西（治今灌南縣）兩縣，就到了郁洲島。

　　《後漢書》卷十《張步傳》說琅邪郡不其縣人張步起兵，佔據齊地。建

〔註16〕連雲港市文管會辦公室、連雲港市博物館：《連雲港市東連島東海琅邪郡界域刻石調查報告》，《文物》2001 年第 7 期。
〔註17〕靳爾剛、蘇華：《職方邊地》，北京：商務印書館，2000 年，上冊第 319 頁。

武三年（27 年），劉永封其爲齊王，但是張步投降劉秀，「八年夏，步將妻子逃奔臨淮，與弟弘、藍欲招其故眾，乘船入海，琅邪太守陳俊追擊斬之。」這說明從臨淮郡到琅邪郡的海路便利，否則張步不會冒險。

三、瓜田儀北上樂浪、遼東

《王莽傳》說地皇二年（21 年）：「上谷儲夏自請願說瓜田儀，莽以爲中郎，使出儀。」游說瓜田儀的儲夏似乎沒有官職，很可能是個平民。他是上谷郡人，應在北方活動，不太可能長途跋涉到山東或江淮沿海。很可能就是因爲瓜田儀在樂浪、遼東一帶，所以比較就近。

瓜田儀北上琅邪，已經遠離故鄉，再北上樂浪、遼東，似乎對他非常不利。但是在戰亂時期，非同平常。黃巢以陸路行軍，尚且轉了半個中國。海陸迥異，航海倏忽千里，非陸行可比。

《封氏聞見記》卷八《二朱山》說：

> 密州之東，臨海有二山。南曰大朱，北曰小朱……漢末崔琰於高密從鄭玄學，遇黃巾之亂，泛海而南，作《述初賦》，其序云：「登州山以望滄海。」據其處所，正相合也。大朱東南海中有句遊島，去岸三十里，俗云句踐曾遊此島，故以名焉。《述初賦》又云：「朝發兮樓臺，回盼於句榆，朝食兮島山，暮宿兮郁州。」郁州，今海州東海縣，在海中。《晉書》石勒使季龍討青州刺史曹嶷，嶷欲死保根余山，然則句榆、根余當是一山，亦聲之訛變耳。〔註18〕

東漢末年，崔琰離開不其縣（治今青島市北）避難，從州山（今膠州灣南岸小珠山）登船，經句榆（今靈山島）到郁州島（雲台山），只用了一天時間。所以瓜田儀從琅邪到樂浪，如果順風順水，其實不消幾日。

《三國志》卷四九《劉繇傳》說東萊郡牟平縣（治今煙台市）人劉繇「避亂淮浦」，同卷又說東萊郡黃縣（治今龍口市）人太史慈先避亂遼東，又到江東曲阿縣（治今丹陽市）依劉繇。漢代有淮浦縣在今江蘇淮安市東部，劉繇從東萊郡到淮河口避亂，說明在東漢時期兩地之間有航路。

從琅邪到樂浪、遼東，人煙愈發稀少，可以有效躲避官軍。而且山東東南部海島不多，但是樂浪、遼東的島嶼很多，在膠東半島和遼東半島之間有

〔註18〕　〔唐〕封寅撰、趙貞信校注：《封氏聞見記》，北京：中華書局，2005 年，第72 頁。

廟島群島，遼寧南部有長山列島，朝鮮西部的島嶼也很多，這些島嶼面積很大，現在設有長島縣、長海縣。瓜田儀等人在這些海島可以躲避官軍，還可以休養生息。元代陶宗儀《南村輟耕錄》卷五說：

> 宋季年，群亡賴子相聚乘舟，鈔掠海上。朱清、張瑄最爲雄長，陰部曲曹伍之……若捕急，輒引舟東行三日，夜得沙門島，又東北過高句麗水口，見文登、夷維諸山，又北見燕山與碣石，往來若風與鬼。影跡不可得。稍息，則復來，亡慮十五六返。〔註19〕

南宋末年在長江口活躍的海盜朱清、張瑄等人，遇到官軍追捕太嚴，就北走山東和高麗，來往迅速。瓜田儀就是朱清、張瑄的祖師，其實這是由海上風向決定的，如在春夏之際，黃海盛行南風，北上較爲便利。此時北方升溫，南方人也較能適應北方的氣溫。

所以我們可以推測，天鳳四年（17 年），瓜田儀在長洲島起兵。當年官軍圍剿，瓜田儀北上琅邪，並在天鳳五年（18 年）春夏季節北上樂浪、遼東，所以七八月時下詔懸賞捕殺。地皇二年（21 年）瓜田儀準備投降，忽然死去，不知其餘眾是否加入了赤眉軍。

〔註19〕 〔元〕陶宗儀：《南村輟耕錄》，北京：中華書局，1959 年，第 64 頁。

漢代吳楚諸縣位置新考

丹陽郡石城縣

　　《漢書・地理志上》和《續漢書・郡國志四》丹陽郡都有石城縣，《譚圖》第二冊均標在今安徽馬鞍山東南，而第三冊孫吳、西晉地圖均標在今安徽貴池，由於《宋書・州郡志》記載石城縣屬於宣城郡，和今馬鞍山市中間隔著淮南郡，所以此時石城縣無疑在今貴池。史書並沒有記載漢末孫吳時此石城縣治遷徙，而標於馬鞍山市的石城縣治距離丹陽郡丹陽縣（今南京市丹陽鎮）不過十幾里，所以這個石城縣值得懷疑。《宋書・州郡志》石城縣只說漢舊縣，不說有遷徙，所以石城縣可能沒有遷徙，漢代就在今貴池。今再舉六證：

　　1.《搜神記》卷十九：

> 丹陽道士謝非，往石城買冶釜。還，日暮，不及至家。山中廟
> 舍於溪水上，入中宿。

這個丹陽肯定是丹陽縣，不是六朝丹陽郡治所在的建業（東晉改名建康），如果是後者，就直接說建業（建康）道士了。既然在丹陽縣，而晚上又來不及趕回家，那麼這裡的石城縣肯定是指建業（建康）西部的石頭城。如果這個石城在今馬鞍山市，離丹陽縣只有十幾里，不可能趕不回而睡在山廟裏。

　　2.《越絕書・記地傳》說秦始皇三十七年：

> 東遊之會稽，道度牛渚，奏東安，（東安，今富春）、丹陽、溧
> 陽、郭故、餘杭軻亭南。東奏槿頭，道度諸暨、大越……已去，奏
> 諸暨、錢塘，因奏吳……去，奏曲阿、句容，度牛渚，西到咸陽，

崩。〔註1〕

這裡除了把東安（富春）縣的位置由餘杭縣後誤在丹陽縣前和把故鄣誤寫爲鄣故外，多數與《史記·秦始皇本紀》吻合而又比《史記》詳細。《漢書·地理志》丹陽郡：「石城，分江水首受江，東至餘姚入海，過郡二，行千二百里。」此條是從上條丹陽縣誤入，王先謙《漢書補注》說《越絕書》秦始皇所渡牛渚即《史記·秦始皇本紀》的海渚，其實《越絕書》所記牛渚在句容之後，中間缺江乘縣，和牛渚距離很遠，所以《越絕書》說錯，所以不能對比。《秦始皇本紀》「渡海渚」確實在「過丹陽」三個字前，所以確實在牛渚附近，但是這中間居然沒有提到石城縣，可見當時牛渚和丹陽縣之間沒有石城縣。

3.《越絕書·記吳地傳》

> 烏程、餘杭、黝、歙、無湖、石城縣以南，皆故大越徙民也。
>
> 秦始皇帝刻石徙之。

烏程、餘杭、黝、歙、無湖都在皖南和浙西的山區，而石城縣如果在今馬鞍山市，則離越國故地太遠，不太可能成爲遷入地點。

4.《後漢書·方術傳上》說高獲：

> 遂遠遁江南，卒於石城。石城人思之，共爲立祠。

李賢注：「在今蘇州西南。」錢大昕案：「蘇州無石城，據《郡國志》丹陽郡有石城縣，當是高獲所遁也。」〔註2〕其實李賢注根據《越絕書·記吳地傳》：「秋冬治城中，春夏治姑胥之臺。旦食於紐山，晝遊於胥母，射於鷗陂，馳於遊臺，興樂石城，走犬長洲。」又說：「石城者，吳王闔廬所置美人離城也，去縣七十里。」所以李賢誤認爲《後漢書》石城在蘇州西南。如果石城縣在今馬鞍山，處在交通要道，不像高獲逃跑之地。而今池州，漢代還很偏僻，所以高獲隱居在此，說明石城縣在今池州。

5.《三國志·吳書》卷一《孫破虜討逆傳》：

> 勳新得術眾，時豫章上繚宗民萬餘家，在江東，策勸勳攻取之。
>
> 勳既行，策輕軍晨夜襲拔廬江，勳眾盡降，勳獨與麾下數百人自歸曹公。

裴注引《江表傳》曰：

〔註1〕俞紀東譯注：《越絕書全譯》，貴州人民出版社，1996年。
〔註2〕錢大昕：《石城》，《十駕齋養新錄》卷十一，上海書店出版社，1983年，第252頁。

> 勳得偕書，使潛軍到海昏邑下。宗帥知之，空壁逃匿，勳了無
> 所得。時策西討黃祖，行及石城，聞勳輕身詣海昏，便分遣從兄賁、
> 輔率八千人於彭澤待勳，自與周瑜率二萬人步襲皖城，即克之。

《三國志》說孫策打敗劉勳是早有密謀，而《江表傳》說孫策起先不知劉勳南下，此次進攻完全意外。後者雖然是吳國史書，但沒有誇大孫策能力，可能更加可信。海昏縣在江南，廬江郡在江北，劉勳往來要經過彭蠡澤（今鄱陽湖、龍感湖一帶），孫策是到了石城縣才得到這一消息，說明石城縣肯定靠近彭蠡澤附近。所以東漢的石城縣應在今貴池市，而非馬鞍山市。

6.《淮南子・人間訓》：

> 江水之始出於岷山也，可攓衣而越也，及至乎下洞庭，騖石城，
> 經丹徒，起波濤，舟杭一日不能濟也。

洞庭（今洞庭湖）、丹徒縣（治今鎮江市東部）都是長江經過的地方，所以這裡的石城也即長江岸邊的石城縣，所以漢代石城縣應在今貴池市江邊，而非馬鞍山市東部山區。《水經》：「又東過牛渚縣南，又東至石城縣。」酈注：「《經》所謂石城縣者，即宣城郡之石城縣也。牛渚在姑熟、烏江兩縣界中，於石城東北減五百許里，安得逕牛渚而方屆石城也？蓋《經》之謬誤也。」酈道元認為牛渚在今貴池西北數百里，不可能先到牛渚，後到石城。按：歷史上沒有牛渚縣，所以此處石城縣也很值得懷疑，《水經》作者是北方人，不瞭解南方，誤牛渚為縣，很可能同時將牛渚以北、建業城西的石頭城誤認為石城。酈道元的質疑正確，牛渚在今馬鞍山，石城縣確實在牛渚西南方的貴池市境內。

江夏郡下雋縣

《漢書・地理志下》長沙國下雋縣，《續漢書・郡國志四》屬長沙郡。《元和志》卷二七鄂州唐年縣：「下雋故城，在縣西南一百六里，因雋水為名。」唐年縣即今崇陽縣，通城縣是北宋熙寧五年（1072 年）析自今崇陽縣，《大清一統志》以為下雋故城「在通城縣西。」《譚圖》據之標於今湖北通城縣西北，有人提出在湖南岳陽市新牆河口，又有人予以駁斥，認為仍在通城縣西北。[註3]

《水經・江水注》：

> 江之右岸得蒲磯口，即陸口也，水出下雋縣西三山溪。其水東

〔註3〕張偉然：《漢晉下雋縣地望辨》，《中國歷史地理論叢》1996 年第 1 期。

經陸城北，又東經下雋縣南——故長沙舊縣，王莽之閏雋也，宋元
嘉十六年割隸巴陵郡。陸水又屈而西北流，經其縣北。北對金城，
吳將陸渙所屯也。陸水又入蒲圻縣，北經呂蒙城西，昔孫權征長沙、
零、桂所鎮也。陸水又經蒲磯山，北入大江，謂之刀環口。

按今崇陽縣肖領鄉五塘村有五塘坳城址，面積約 15 萬平方米，現存三面夯土
城牆，被初步判斷為東周遺址。〔註4〕從其位置看，即《水經注》所說下雋縣
城。陸水的上游雋水從東南來，流經城西北，南距雋水還有 6 千米。因為酈
道元手中的地圖比例尺太小，而地名字體較大，所以雋水在酈道元筆下繞城
三面。

南郡州陵縣

《漢書·地理志上》、《續漢書·郡國志四》南郡州陵縣，《水經·江水注》：
> 江之左岸有雍口，亦謂之港口。東北流為長洋港。又東北逕石
> 子岡，岡上有故城，即州陵縣之故城也。莊辛所言左州侯國矣。又
> 東逕州陵新治南，王莽之江夏也。港水東南流注於江，謂之洋口。
> 南對龍穴洲，沙陽洲之下尾也。洲裏有駕部口，……故有龍穴之名
> 焉。江水又東，右得轟口，江浦也。左對轟洲。

《譚圖》標州陵縣於今洪湖市西北，誤。烏林鎮西北的洪湖市境內，只有一
個大興嶺遺址是新石器時代遺址，還有兩個宋代遺址和一個宋代墓群，其餘
都是明清遺址，說明這片地區開發很晚。而今烏林鎮附近有新石器時代遺址 2
處、東周到六朝墓群 1 處、東周城址 1 處、東周到明代墓群 1 處、漢代墓群 3
處、漢代城址 1 處、漢到六朝墓群 9 處、漢到宋代墓群 11 處、漢到明代墓群
1 處、六朝墓群 7 處、六朝到宋代墓群 1 處，在 10 平方千米範圍內集中如此
多遺址說明這裡是早期的地域中心。因此烏林鎮北的小城濠東周城址被學者
定為州國故城，大城濠西漢城址面積 14 萬平方米，夯土城牆殘高 5 米，被定
為州陵縣故城。大小城濠遺址所在的黃蓬山區是 30 餘座海拔 25 到 42 米的小
丘陵，〔註5〕在低窪的長江沿岸是不可多得的佳地，所以古人選擇在此居住。
因為這片小丘陵在長江中間的沙洲上，所以得名州、州陵縣。

〔註4〕國家文物局主編《中國文物地圖集·湖北分冊》下冊，中國地圖出版社，2002
年，第 506 頁。
〔註5〕洪湖市博物館：《湖北省洪湖市大城濠、小城濠、萬鋪塌遺址調查》，《江漢考
古》1992 年第 4 期。

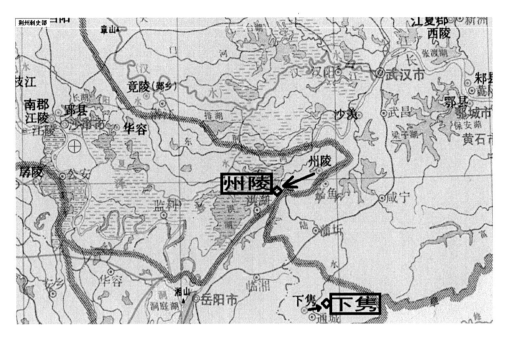

州陵和下雋縣城位置（黑體字和方框）〔註6〕

〔註 6〕底圖來自譚其驤主編《中國歷史地圖集》第二冊第 22～23 頁，黑體字和方框
　　　是本書添加。